Abenteuer
AUSZEIT
AUSGLEICH
Wochenende
LÄCHELN
STADT. LAND. FLUSS.
FREE
LEICHTIG-
ERLEBEN
KEIT
GRÜN
kleine Fluchten
Wege
Lebensfreude
NATUR
GLÜCK
von Valeria Mella

ABSTECHER
AB SEITE 8

AUSFLÜGE
AB SEITE 94

MINIURLAUB
AB SEITE 180

Nur ein paar Stündchen

Nix wie raus, ganz schnell ins Grüne. Auch mit wenig Zeit lässt sich Großartiges erleben. Kleine und große Abenteuer warten direkt vor der Haustür.

4H

Raus für einen Tag

Man muss nicht das Land verlassen, um neue Welten zu entdecken. Einfach mal einen Tag lang raus aus dem Alltagsallerlei und rein in die Natur.

12H

Ferien für ein Wochenende

Warum auf die große Auszeit warten, wenn man einen Wochenendtrip in der Nähe machen kann? Vergnügen, Abenteuer und Wohlgefühl kompakt und intensiv.

36H

LIEBE LESERIN, LIEBER LESER,

was gibt es Schöneres, als einen ganzen Tag im Freien zu verbringen? Egal, in welcher Jahreszeit, dieses Buch gibt Anregung und Inspiration für einmalige Naturerlebnisse in und um Zürich. Verschiedene kleine und große Seen, herrliche Wanderungen, Stadtspaziergänge oder Fahrradtouren warten darauf, entdeckt zu werden. Vom Zürcher Oberland geht es ins Unterland und übers Weinland und Säuliamt bis in die angrenzenden Kantone wie Aargau, Schwyz, St. Gallen, Schaffhausen oder Zug. Das Ergebnis: 52 wunderbare Ausflugsideen – für wenige Stunden, ganze Tage oder komplette Wochenenden.

Viele unvergessliche Eskapaden in und um Zürich wünscht Ihnen, dir und euch

Valeria Mella

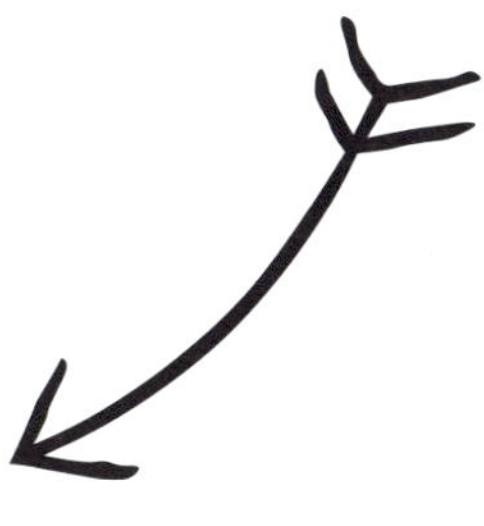

PS: Informationen zum GPX-Download gibt's auf Seite 224.

AUSZEIT.
ABENTEUER.
LEBENSFREUDE.

1. KAPITEL ABSTECHER

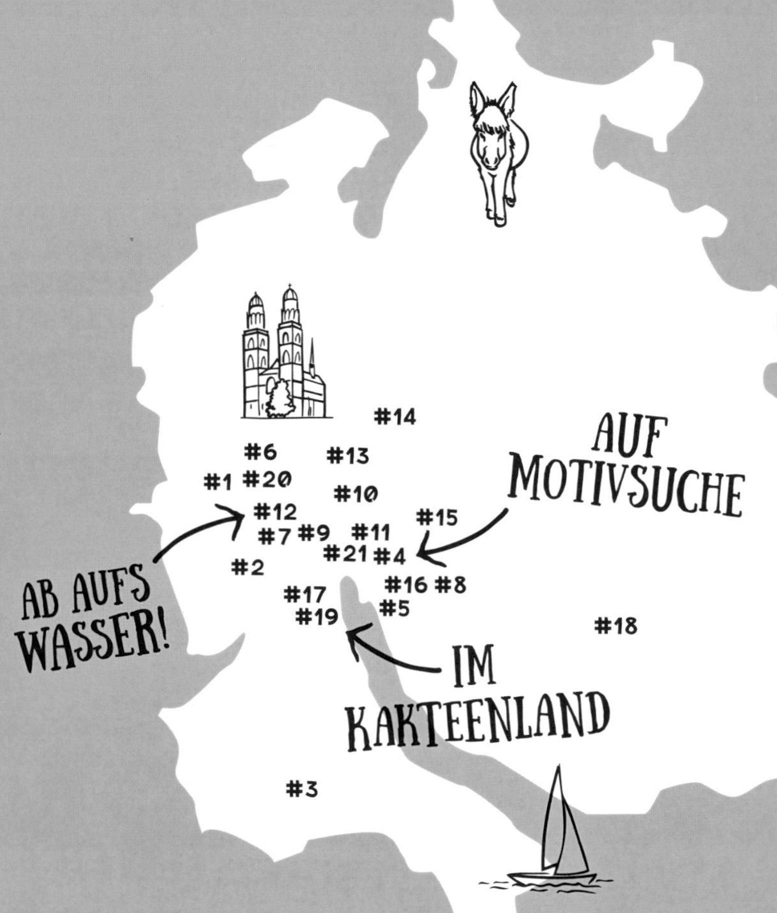

Nur ein paar Stündchen

Egal, ob zu Fuß zum Elefanten im Wald oder mit dem Schlauchboot auf die Limmat. Das Motto lautet immer: Hinaus ins Grüne, die kleine Auszeit ist ganz nah.

4H

#1 ... auf der Werdinsel Seite 10
#2 ... um den Idaplatz Seite 14
#3 ... im Seleger Moor in Rifferswil Seite 18
#4 ... in Zürichs Altstadt Seite 22
#5 ... im Patumbah-Park Seite 26
#6 ... auf dem Käferberg Seite 30
#7 ... in Zürich West Seite 34
#8 ... im Stöcken- und Wehrenbachtobel Seite 38
#9 ... im Flussbad Unterer Letten Seite 42
#10 ... im Park der Uni Irchel Seite 46
#11 ... zum Zürichhorn Seite 50
#12 ... von Zürich Wipkingen bis Dietikon Seite 54
#13 ... im MFO-Park in Zürich Oerlikon Seite 58
#14 ... im Seilpark Zürich in Kloten Seite 62
#15 ... beim Vita Parcours in Zürich Fluntern Seite 66
#16 ... im Botanischen Garten Seite 70
#17 ... im Rieterpark Seite 74
#18 ... auf der Jucker Farm in Seegräben Seite 78
#19 ... am Zürichsee Seite 82
#20 ... am Zürcher Sonnenhang in Höngg Seite 86
#21 ... auf den Zürcher Weihnachtsmärkten Seite 90

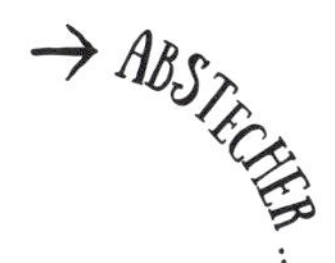

NATUR GENIEẞEN

Im Sommer ist die Werdinsel einer der beliebtesten Badeorte der Stadt. Fast noch schöner ist es hier aber im Frühling. Wenn der Bärlauch wächst und die Vögel sich niederlassen, hat man die Insel nämlich fast für sich allein!

#Frühlingsgefühle #Vogelparadies #amStadtrand

An keinem anderen Ort in Zürich pflückt man so schön frischen Bärlauch wie hier! Vogelgezwitscher und Wassergeplätscher bekommt man gratis dazu.

Jeder Zürcher kennt sie, die Werdinsel auf der Limmat, am Stadtrand. Doch die meisten besuchen die grüne Insel im Quartier (Viertel) Höngg im Hochsommer, wenn die Badesaison eingeläutet ist. Dann wird hier ausgelassen grilliert, gepicknickt, gebadet oder Fußball gespielt.

Ganz anders erlebt man die Werdinsel jedoch im Frühling, wenn sie von zahlreichen Vögeln bewohnt wird und die Natur langsam aus dem Winterschlaf erwacht. Das Beste dabei: Man hat diesen schönen Fleck Erde fast für sich alleine. Da vergisst man schnell mal, dass man sich gerade in der größten Stadt der Schweiz befindet. Ein wunderbarer Abstecher, um dem Trubel der Stadt zu entkommen und einfach mal für ein bis zwei Stunden die Seele baumeln zu lassen!

Am besten macht man einen Spaziergang und durchquert einmal die hübsche, nur 870 Meter lange Insel. Sich einfach treiben lassen, die Natur und die Ruhe in sich aufnehmen – so lautet das Motto hier. Am Ufer der Limmat oder des auf der anderen Seite liegenden Ober- und Unterwasserkanals findet man viele schöne Orte am Wasser, welche zum Verweilen einladen.

Hin & weg: Tram 13 von Sihlquai Hauptbahnhof bis Winzerstrasse.

Dauer: 1–2 Std.

Beste Zeit: Ganzjährig, aber besonders friedlich ist es hier im April und Mai zum Bärlauchpflücken.

Ausrüstung: Behälter für den Bärlauch und evtl. ein Fernglas, um die Vögel zu beobachten.

Auf der Werdinsel erwarten einen neben lauschigen Wegen, die zu einem gemütlichen Spaziergang einladen, auch viele grüne Orte zum Verweilen.

Während der Bärlauchsaison hat man zudem am besten einen Behälter dabei, denn das Wildgemüse wächst auf der Werdinsel an vielen Ecken und darf auch gerne gepflückt werden! Was gibt es Schöneres, als nach ein paar Stunden in der Natur nach Hause zu kommen und sich ein feines Gericht mit wunderbar frischem Bärlauch zu kochen? Aber Achtung, diese krautige Pflanze ist nicht mehr genießbar, wenn sie blüht! Dann erfreut man sich an dem hübschen Gewächs am besten nur mit den Augen.

Die Werdinsel ist übrigens für zahlreiche Wasservögel ein beliebtes Feriendomizil zum Überwintern. Mit etwas Glück entdeckt man Lachmöwen, Reiherenten, Tafelenten, das Blässhuhn oder einen Kormoran. Und natürlich zahlreiche Enten, welche hier das ganze Jahr über wohnen. Wer sich für Vögel interessiert, kommt bei diesem Inselbesuch definitiv auf seine Kosten!

Auf keinen Fall sollte man den Ausflug hungrig beenden. Entweder bringt man sich von zu Hause ein Picknick mit, nutzt eine der vielen Grillstellen oder macht halt im Werdinsel Bad & Restaurant, das sich mitten auf dem Eiland befindet.

FAZIT: WÄHREND IM SOMMER GEFÜHLT HALB ZÜRICH AUF DER WERDINSEL IST, GENIEßT MAN HIER IM FRÜHLING GANZ VIEL RUHE UND NATUR PUR AM WASSER.

Cocktails
Apèrol
Hugo
Tequila
Moscow
Amaretto
Vodka
Schön bist du hier!!
TÄGLICH
Mmmmh...
frisch + leicht
Panini
Focaccia
Antipasti
BACETTO

KIRSCH-BLÜTEN-TRAUM

Die Kirschblütenfaszination gilt definitiv auch in Zürich! Zum Frühlingsbeginn erstrahlen zahlreiche Straßen in zartem Rosa und zaubern den Passanten ein Lächeln ins Gesicht. Besonders hübsche Baumreihen findet man dabei rund um den Idaplatz!

#Kirschblütenzeit #ZürichinRosa #durchdierosaBrille #Sakura

Die Straßen um den Idaplatz verwandeln sich im Frühling in ein Blütenmeer. Zürich erstrahlt hier in Rosa.

Zur Kirschblütenzeit (auf Japanisch *sakura*) ticken die Uhren nicht nur in Japan etwas anders, nein, auch in Zürich ist man ganz aus dem Häuschen, wenn die ersten rosafarbigen Blüten die Bäume schmücken. April ist somit die perfekte Zeit, um gemütlich durch die Straßen zu schlendern und die wunderschöne Blütenpracht zu bestaunen!

Im April findet man zwar an verschiedenen Orten in Zürich Kirschblüten, besonders hübsch sind aber diejenigen rund um den Idaplatz. Die vielleicht schönste Allee an Kirschpflaumenblüten in Zürich liegt an der Bertastrasse zwischen Idaplatz und Aemtlerstrasse. Kein Wunder, hat sich die Straße in den letzten Jahren doch zu einem kleinen Instagram-Hotspot während der Kirschblütensaison gemausert. Die Bertastrasse verzaubert im April auch Nicht-Romantiker mit großer Wahrscheinlichkeit!

Doch nicht nur an der Bertastrasse ist es schön. Am besten lässt man sich einfach durchs Quartier (Viertel) treiben und von der Blütenpracht überraschen, welche man in vielen Straßen findet. Wer aber lieber auf Nummer sicher gehen möchte, spaziert von der Bertastrasse zur nur drei Minuten entfernten Herz-Jesu-Kirche an der Gertrudstrasse. Auch hier tragen die Bäume im Frühling wunderschöne pinke Blüten.

Der Idaplatz versprüht ein ganz besonderes Flair. Im Frühling blühen hier nicht nur die Kirschblüten auf, auch auf dem Platz wird es dann lebendig. Ein Besuch lohnt sich auf jeden Fall auch im Sommer, wenn sich das Leben komplett auf der Straße abspielt. Es ist immer etwas los. Zu dieser Jahreszeit fühlt man sich fast schon ein wenig wie in Italien. Ein Stück Ferienfeeling, mitten in Zürich!

In Japan steht die Kirschblüte für Aufbruch und ist der Anfang des Frühlings. Auch in Zürich läutet die Kirschblüte den Frühlingsbeginn ein.

Tipp: Da es im Quartier unzählige gemütliche Cafés und Restaurants gibt, lohnt sich ein Besuch gleich doppelt. So gibt es nach dem Kirschblütenstreifzug Kaffee und Kuchen in einem der vielen Straßencafés. Oder man beginnt den Tag hier mit einem leckeren Frühstück und genießt anschließend den Spaziergang durch die Blütenpracht. Bei schönem Wetter sitzt man am besten unter freiem Himmel, mit Blick auf das rosarote Blütenmeer.

Hin & weg: Viele Wege führen zum Idaplatz, z. B. der Bus 72, der von Zürich Hauptbahnhof bis zur Bertastrasse fährt. Parkplätze im Quartier vorhanden.

Dauer & Strecke: 1–2 Std., rund 850 m Strecke.

Beste Zeit: Im April, sobald die ersten Kirschblüten ihre Pracht entfalten.

Ausrüstung: Eine Fotokamera und etwas Kleingeld für einen Kaffee.

FAZIT: DIE KIRSCHBLÜTEN RUND UM DEN IDAPLATZ FASZINIEREN GROß UND KLEIN! PERFEKT MIT EINEM CAFÉBESUCH.

IN DER RUHE LIEGT DIE KRAFT

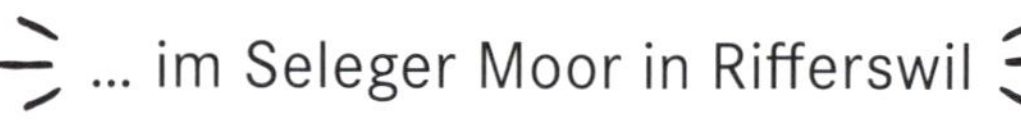

… im Seleger Moor in Rifferswil

#3

Im Liegestuhl ausruhen, den Blick über den Seerosenteich schweifen lassen und Frösche beobachten. Und dabei noch einen Beitrag dazu leisten, dass das Hochmoor in Rifferswil erhalten bleibt. All das ist nur 27 Kilometer von Zürich entfernt, im Park Seleger Moor, möglich.

#WunderderNatur #Hochmoor #grüneOase

→ ABSTECHER …

Manche Motive hier erinnern an Monets Seerosenbilder.

Vor 10 000 Jahren zogen sich die Gletscher der Eiszeit zurück und hinterließen eine Landschaft, die von Mulden und Bodenverdichtungen im Untergrund durchzogen war. In den Mulden staute sich das Regenwasser und sorgte dafür, dass der Boden immer feucht blieb. So bildeten sich über Jahrtausende die Hochmoore, wie wir sie heute kennen. Und so entstand durch das eiszeitliche Wirken des Linth- und des Reussgletschers auch das Seleger Moor in Rifferswil, eines der wichtigsten Hochmoore des Kantons Zürich (www.selegermoor.ch).

Der Adliswiler Robert Seleger machte aus der Landschaft einen idyllischen Park. Der Besuch beginnt mit einer freundlichen Begrüßung an der Kasse. Dann läuft man vorbei am Farngarten und weiter bis zum Moorlihus. Hier befindet sich eine der schönsten Grillstellen des Knonauer Amtes! Es lohnt sich aber auch, auf den Infotafeln nachzulesen. Denn unter dem Moorlihus wird ein wichtiger Beitrag zur Erhaltung des Moores geleistet, indem eine 500 Quadratmeter große Fläche konstant befeuchtet wird.

Im Seeleger Moor im Säuliamt gibt es zu jeder Jahreszeit viel zu entdecken. Wer sich eine Erinnerung mit nach Hause nehmen möchte, kann sich hier auch Pflanzen kaufen.

Übrigens, der 120 000 Quadratmeter große Park bildet mit seinen über 200 Sorten das größte Rhododendren- und Azaleenparadies der Schweiz! Kein Wunder, dass der als gemeinnützige Stiftung gegründete Park im Frühling mit Abstand am meisten besucht wird. Doch auch im Sommer ist es wunderschön hier. Wenn die Seerosen blühen und es etwas ruhiger wird im Seleger Moor, ist dies die perfekte Zeit, um durch die verschlungenen Pfade des Parks zu schlendern und die Natur in sich aufzusaugen.

Weiter geht's, an schönen Bäumen und Pflanzen vorbei, bis zum lang gezogenen Seerosenteich mit seinem romantischen Holzsteg. Ein Fröschchen hier, eine Seerose da und alle paar Meter eine Bank zum Verweilen. Was für ein herrlicher Ort! Das Beste: Am Ende des Teiches befindet sich eine kleine Sonnenterrasse mit Liegestühlen, die schon der Lieblingsplatz von manchem Besucher wurde …

Doch es gibt noch viel mehr zu entdecken! Seltene Pflanzen, weitere hübsche Teiche mit kleinen Holzbrücken, einen Feenwald oder ein Wildbienenhotel. Man sieht auf den ersten Blick, dass der Park Seleger Moor mit viel Liebe

---

Hin & weg: Mit der S5, S14 nach Affoltern a. A. (29 Min.) und von dort mit Bus 223 bis Rifferswil, Seleger Moor (15 Min.). Zahlreiche Parkplätze vorhanden.

Dauer: 2–3 Std.

Beste Zeit: Der Park ist von April–Oktober geöffnet. Am beliebtesten ist ein Besuch im Frühling, wenn die Azaleen und Rhododendren blühen. Doch auch im Sommer ist es richtig schön und etwas ruhiger!

Ausrüstung: Vielleicht ein gutes Buch, um am Seerosenteich zu verweilen.

gestaltet wurde. Zum Glück wirkt er richtig natürlich und nicht zu »konstruiert«.

Last but not least: Man leistet mit dem Eintritt einen Beitrag dazu, dass das ursprüngliche Moor in Rifferswil erhalten bleibt.

FAZIT: EIN ROMANTISCHER PARK ZWISCHEN SEEROSENTEICHEN UND RHODODENDREN, MITTEN IM HOCHMOOR VON RIFFERSWIL.

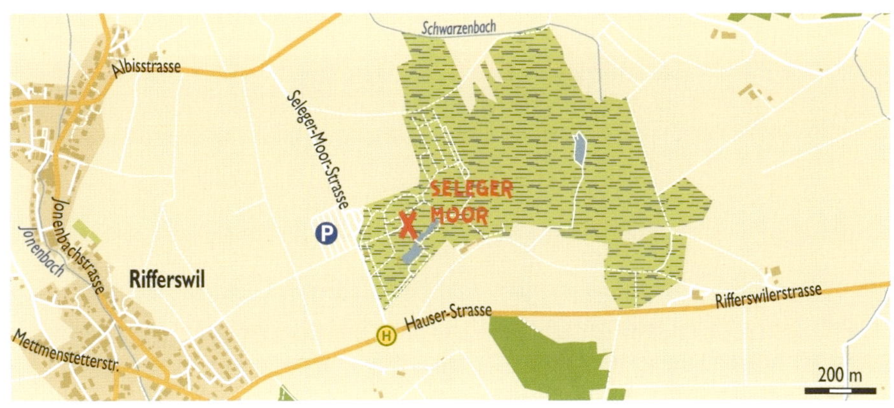

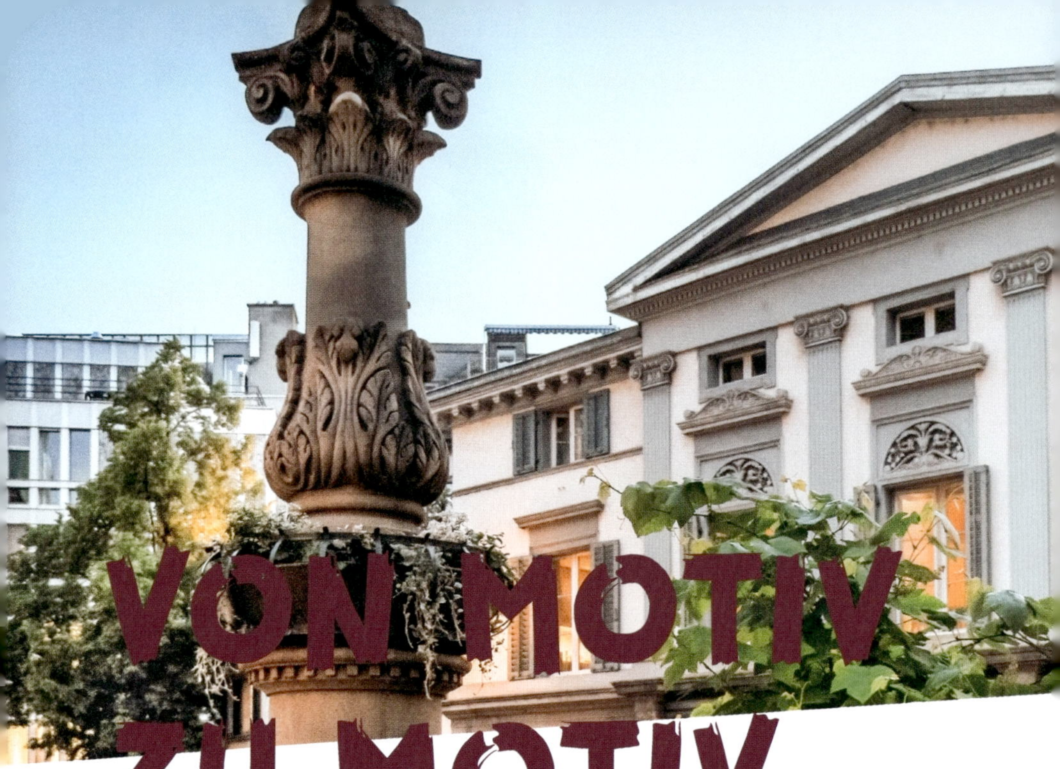

VON MOTIV ZU MOTIV

... in Zürichs Altstadt

Der Vorteil einer kleinen Stadt wie Zürich? Man kann einige der schönsten Sehenswürdigkeiten in der Altstadt wunderbar während eines gemütlichen Stadtspaziergangs erkunden! Und da es so viele malerische Motive auf dem Weg gibt, wird daraus kurzerhand eine Fototour.

#Fototour #wieinaltenZeiten #oldbutgold

→ ABSTECHER ...

Das Grossmünster mit seinen charakteristischen Doppeltürmen ist das Wahrzeichen der Stadt Zürich.

Die Fototour durch den Kreis 1, Zürichs wunderschöne Altstadt, beginnt am Hauptbahnhof. Erster Halt: Das Landesmuseum, direkt hinter dem Bahnhof! Das Gebäude ist auch gleich das erste Fotomotiv. Und der Platzspitz Park dahinter lädt zu einer kleinen Runde im Grünen ein.

Weiter am Ufer der Limmat entlang, bis zum Central. Von hier führt die Polybahn in wenigen Minuten hoch zur Polyterrasse der ETH, der Hochschule. Von der Terrasse aus hat man einen wunderbaren Blick über Zürich, während man gleich noch etwas Studentenluft schnuppert. An der vordersten Ecke der großen Terrasse findet man einen super Fotospot mit Blick über die Altstadt.

Nur wenige Meter weiter führt eine Treppe die Schienhutgasse hinunter bis zur Zentralbibliothek. Von hier geht es weiter durch die schmale Predigergasse, in der man immer wieder auf pittoreske Motive stößt. Schließlich beim Neumarkt hinunter bis an die Limmat und den Limmatquai entlang bis zum Wahrzeichen Zürichs: dem Grossmünster! Die

Kirche mit den zwei Türmen ziert das Stadtbild unübersehbar. Aber nicht nur von unten kann man tolle Fotos schießen. Auch vom Karlsturm, einem der beiden Türme, hat man eine wunderbare Aussicht über die Altstadt. Also die steilen Treppen hoch, denn das darf man nicht verpassen!

Danach führt der Weg weiter bis zum Bellevueplatz. Von der Quaibrücke aus hat man auf der einen Seite den besten Blick über die Altstadt und auf der anderen Seite auf den See. Und mit etwas Wetterglück sogar auf die Alpen!

Ist fertig geknipst, geht es auf der anderen Limmatseite gemütlich wieder zurück. Dabei kommt man am Münsterhof und dem beeindruckenden Fraumünster vorbei. Zeit für ein Päuschen! Denn auf dem Münsterhof warten zahlreiche Stühle darauf, dass man sich setzt.

Von da spaziert man schließlich durch die malerische Storchengasse, mit einem Abstecher zu einem der charmantesten Plätze der Stadt, wo man möglicherweise auch eines der schönsten Fotomotive findet: den Lindenhof.

Hin & weg: Am besten startet man am Hauptbahnhof in Zürich, den man von so gut wie jeder Himmelsrichtung erreicht.

Dauer & Strecke: Man sollte mind. 1,5 Std. einplanen. Die Strecke ist 5,4 km lang. Es lohnt sich, den Spaziergang auf mind. 2 Std. auszudehnen.

Beste Zeit: Ganzjährig. Zürich ist in jeder Jahreszeit wunderschön!

Ausrüstung: Fotokamera oder Handy.

Ein besonders schönes Fotomotiv findet man auf dem Lindenhof – mit Blick auf die Limmat und das Niederdorf. Wer mit offenen Augen durch die Stadt geht, wird viele tolle Motive finden.

Weiter geht's durch die Widdergasse, wo am Ende eine besondere Überraschung wartet: Im Brunnen auf dem Münzplatz schwimmen meistens zahlreiche Blumen. Klar, dass auch hier die Kamera gezückt wird.

Schlussendlich geht es durch eine der malerischsten Gassen der Stadt, die Augustinergasse. Mit den großen Fahnen auf beiden Seiten ist sie ein beliebtes und wunderschönes Fotomotiv. Und von da führt der Weg über die Bahnhofstrasse zurück an den Ausgangspunkt, den Zürcher Hauptbahnhof.

FAZIT: HERRLICHER STADTSPAZIERGANG MIT KAMERA, VORBEI AN DEN SCHÖNSTEN ORTEN DER ZÜRCHER ALTSTADT.

EIN HAUCH VON ORIENT

... im Patumbah-Park

Die Villa Patumbah ist ein ganz besonderer Ort im wohlhabenden Quartier (Viertel) Riesbach. Hier wurde einst ein Stück Zürcher Kulturgeschichte geschrieben, die vor vielen Jahren zwischen dem Orient und der Schweiz ihren Ursprung hatte. Ein echter Geheimtipp!

#Kulturgeschichte #MalaysiatrifftZürich #Blumenträume #Parkgeschichten

Die Villa Patumbah ist nicht nur pittoresk, sondern auch ein Gebäude, das viele Geschichten zu erzählen hat.

Im heutigen Heimatschutzzentrum, in dem man sich dafür einsetzt, dass Baudenkmäler aus verschiedenen Epochen erhalten bleiben, fühlt man sich wie in einer kleinen Oase. Einen so wunderschön gepflegten Garten im englischen Stil wie den Patumbah-Park findet man in Zürich nicht oft. Glücklicherweise ist dieser zusammen mit der Villa Patumbah für die Öffentlichkeit zugänglich. Auch wenn er noch ein echter Geheimtipp ist, welcher sich in Zürich noch nicht allzu weit herumgesprochen hat. Erstaunlicherweise!

Der Park auf dem 13 500 Quadratmeter großen Grundstück ist nicht riesig, und man hat ihn schnell umrundet. Doch ist man erst einmal hier, möchte man kaum mehr gehen. So herrlich ist dieser Ort. Praktisch, dass es verschiedene Sitzgelegenheiten wie Stühle im Rasen gibt, welche man sich schnappen und in die Sonne stellen kann. Und wer Blumen mag, kommt hier auch auf seine Kosten. Besonders schön ist es im Frühling, wenn Pfingstrosen, Wisteria, Flieder, Magnolien oder Tulpen in den buntesten Farben erstrahlen. Einfach ein Traum! Aber auch die altehrwürdigen Bäume im Patumbah-Park sind beeindruckend. Kein Wunder, gilt dieser als ein Meisterwerk des Gartenkünstlers Evariste Mertens, der die Gartenkultur Zürichs entscheidend mitgeprägt hat.

Interessant ist, was es mit dem außergewöhnlichen Namen Patumbah auf sich hat. Denn das ist definitiv kein typischer Schweizer Name! Glaubt man verschiedenen Zürcher Schriften, kommt dieser aus der malaiischen Sprache und bedeutet »ersehntes Land«. Die Villa wurde zwischen 1883 und 1885 von den Architekten Chiodera und Tschudy für Karl Fürchtegott Grob erbaut. Dieser hatte seinen Reichtum mit einer Tabakplantage auf der indonesischen Insel Sumatra erworben und somit eine starke Verbindung zu Südostasien. Heute gehören die Villa und der Park Patumbah übrigens der Stadt Zürich.

Hin & weg: Tram 2 oder 4 bis Höschgasse oder Tram 11 bis Hegibachplatz. Von da 9 Min. zu Fuß zur Zollikerstrasse 128.

Dauer: 1 Std.

Beste Zeit: Besonders schön im Frühling, wenn Magnolien, Flieder, Pfingstrosen und Wisteria blühen (Öffnungszeiten: www.heimatschutzzentrum.ch).

Ausrüstung: Eine Kamera, denn Villa und Park sind sehr fotogen!

1912 richtete das Diakoniewerk Neumünster in der Villa Patumbah ein Erholungsheim ein. Später wurde daraus ein Altenheim für Frauen.

Doch nicht nur von außen kann man die Villa Patumbah bewundern. Es finden regelmäßig Führungen sowie öffentliche Veranstaltungen statt, bei denen man auch einen Blick in das Gebäude werfen kann. Für Familien und Kinder gibt es besondere Angebote, bei denen geforscht und gebastelt wird. Auf der Internetseite des Heimatschutzzentrums in der Villa Patumbah findet man einen Überblick und weitere Informationen.

FAZIT: KEIN WUNDER, DASS DIE VILLA PATUMBAH UNTER DENKMALSCHUTZ STEHT. DIESE KOMBINATION AUS EXOTISCHEM UND HEIMISCHEM CHARME FINDET MAN IN ZÜRICH NUR HIER.

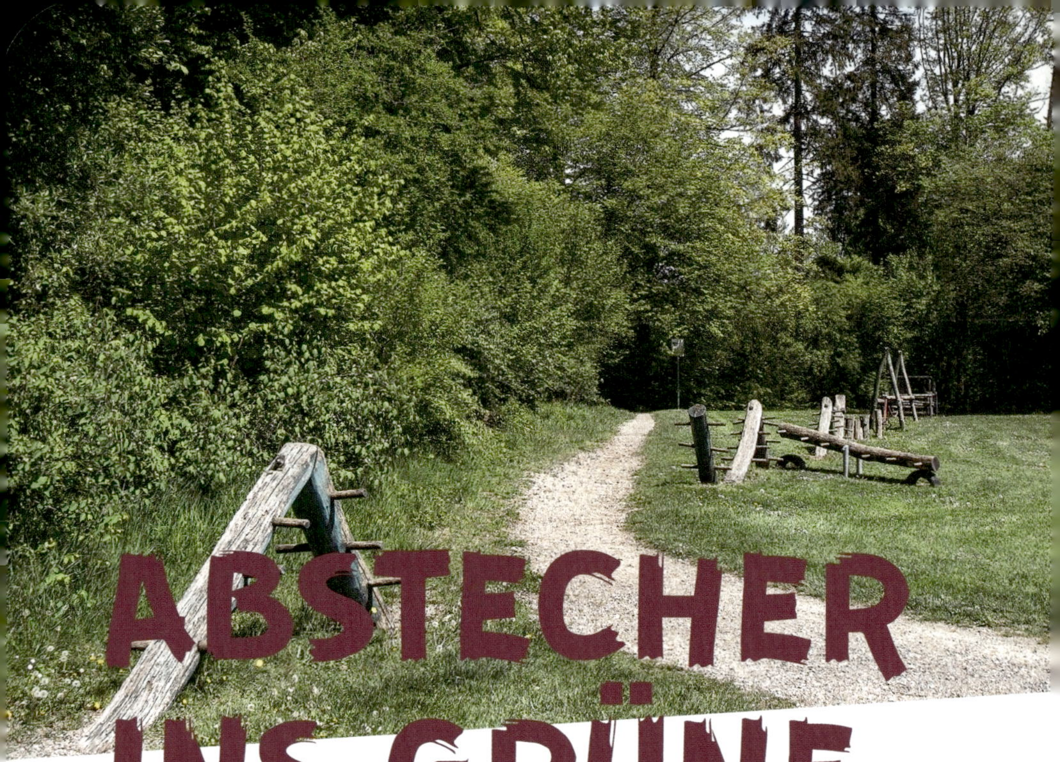

ABSTECHER INS GRÜNE

... auf dem Käferberg

#6

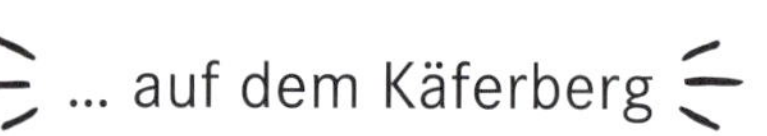

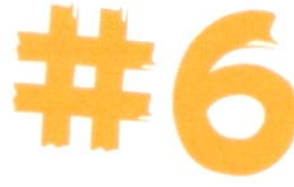

Lust auf eine Miniwanderung in der Natur, aber keinen ganzen Tag Zeit? Kein Problem! Der Käferberg ist nicht weit entfernt und eignet sich wunderbar für eine kurze Wanderung im Wald. Highlight ist einer der schönsten Aussichtspunkte in Zürich.

#Weitblick #Waldgeflüster #Miniwanderung

Mit Glück sieht man bis in die Alpen. Definitiv einer der schönsten Ausblicke in der Stadt.

→ ABSTECHER …

Die 4,2 Kilometer lange Wanderung startet mitten im Campus der ETH Zürich. Denn dort befinden sich die Bushaltestelle und der Startpunkt dieses kleinen, aber feinen Abstechers in die Natur.

Wer noch etwas Unileben schnuppern möchte, dreht als Erstes eine kurze Runde auf dem Campus der sogenannten Science City. Danach geht es einmal quer an den Hochschulgebäuden der ETH vorbei zum Waldrand, welchen

man nach wenigen Minuten erreicht. Schon steht man am Fuße des Käferbergs (571 Meter ü. d. M.), der zusammen mit dem etwas höheren Nebengipfel Waidberg (582 Meter ü. d. M.) und dem westlich angrenzenden Hönggerberg (541 Meter ü. d. M.) einen Hügelzug bildet.

Verschiedene Wege führen durch den Wald. Heute aber geht es in Richtung Waid. Denn von dort aus genießt man eine ganz besonders schöne Aussicht über Zürich.

Die Wanderung verläuft durch den herrlichen Wald, vorbei an Grillstellen und verschiedenen Sitzgelegenheiten. Wer etwas mehr Zeit hat, packt sich zu Hause am besten noch ein Buch oder ein Picknick ein und genießt die Ruhe der Natur auf einer der Bänke etwas länger. Hier kann man gut Kraft für den weiteren Weg sammeln.

Weiter durch den Wald und am Tennisclub Waidberg vorbei. Wer mit Kindern unterwegs ist, macht hier auf dem kleinen Spielplatz kurz halt, die anderen laufen einfach weiter. Denn langsam kommt die prächtige Aussicht immer näher!

Und dann ist sie da: An der Kreuzung der Waidbadstrasse und bei Im Rehsprung eröffnet sich plötzlich ein traumhaftes Panorama über die Stadt Zürich, den Zürichsee und mit etwas Wetterglück sogar auf die Schweizer Alpen. Man munkelt gar, dass man hier bei schönem Wetter einen der besten Ausblicke über die Stadt hat. Und dies absolut zu Recht!

Gleich beim Aussichtspunkt liegt zwischen Waidbadstrasse und Oberer Waidstrasse der kleine Tierpark Waidberg. Hier kann man das Gehege umrunden und mit etwas Glück einen

Am Ende der Wanderung kommt man an idyllisch gelegenen Schrebergärten vorbei, die von ihren Besitzern mit viel Liebe gepflegt werden.

der Damhirsche erspähen. Im Gras sind die Tiere nicht immer ganz leicht zu entdecken. Wer die Aussicht länger genießen möchte, trinkt einen Kaffee auf der Terrasse des Restaurants Die Waid, das sich auf der anderen Straßenseite befindet.

Nun geht es die Obere Waidstrasse hinunter, vorbei an den Schrebergärten, bis zum Bucheggplatz, von wo aus man mit Bus oder Tram schnell wieder mitten in Zürich ist.

Hin & weg: Bus 80 oder 69 bis ETH Hönggerberg.

Dauer & Strecke: 2 Std., mit der ein oder anderen Pause. Die Strecke ist 4,2 km lang. Wer den Wald intensiver genießen möchte, gern auch länger.

Beste Zeit: Ganzjährig.

Ausrüstung: Turnschuhe, etwas zu trinken, evtl. Fotokamera.

FAZIT: KLEINE, FEINE WANDERUNG ÜBER DEN HÜGELN ZÜRICHS, MIT EINEM DER SCHÖNSTEN AUSSICHTSPUNKTE DER STADT.

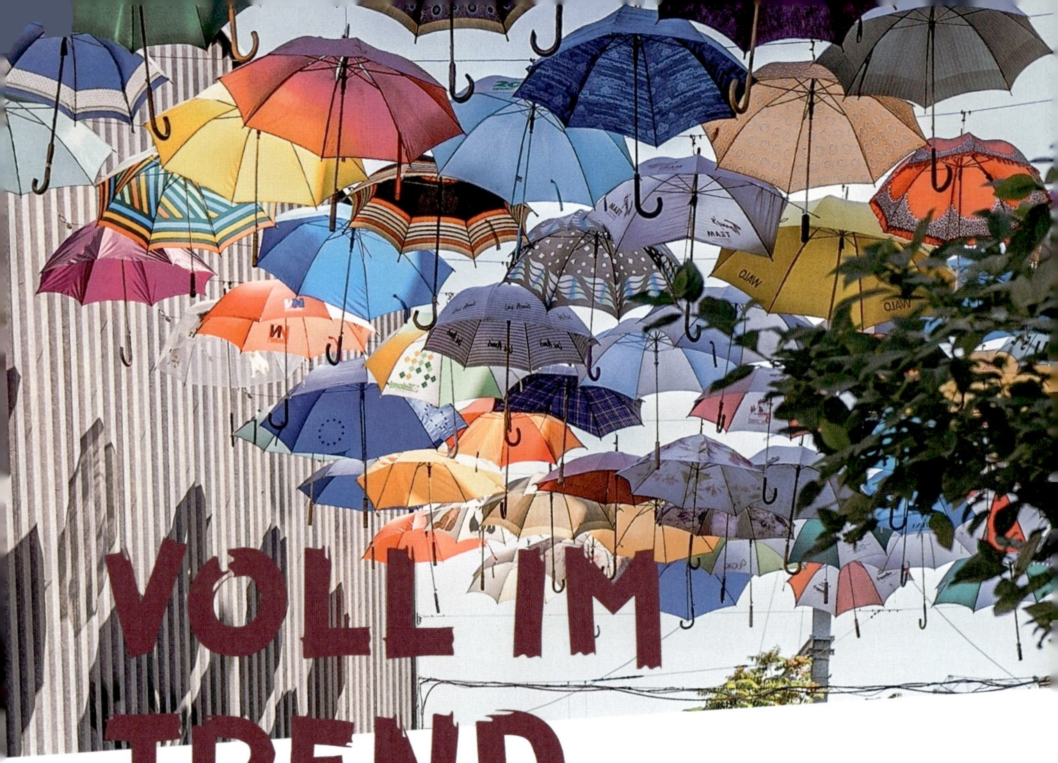

VOLL IM TREND

... in Zürich West

#7

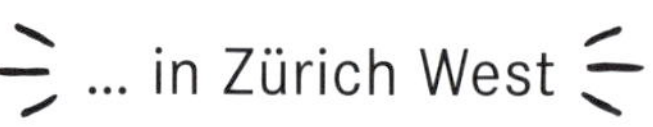

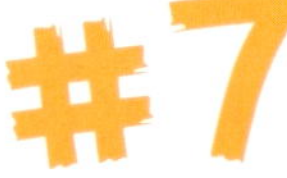

Zürich West hat sich in den letzten Jahren zum Trendviertel gemausert, in dem es viele tolle Ecken und grüne Flecken gibt. Zeit, einen Streifzug durch diese hippe Gegend zu machen! Ganz gemütlich – mit der ein oder anderen Pause und tollen Aussichten über Zürich!

#Trendquartier #hip #FrauGerold #Spaziergang #Kontraste

→ ABSTECHER …

Die Josefswiese hinter dem Viadukt lädt zum Ausruhen und Verweilen unter den Bäumen ein.

Der Spaziergang startet bei der Tramhaltestelle Dammweg. Gleich hier befindet sich das Herzstück von Im Viadukt: die Markthalle. Nach etwas Stöbern durch die Stände geht es auf der anderen Seite des Gebäudes wieder ins Freie, an den Viaduktbogen entlang. Hier findet man allerlei individuelle Design- oder Modeshops, Cafés und Geschäfte, welche alles andere als 08/15 sind. Nach kurzer Zeit kommt man am kleinen Stadtpark Josefswiese vorbei. Hier wird auf einer Bank im Grünen kurz halt gemacht.

Von da geht es weiter bis ans Ende der Viaduktbogen. Gegenüber der Badmintonhalle befindet sich der Aufgang, hoch auf das Via-

dukt, von dem aus man den ersten kleinen Ausblick über das Quartier bekommt, während die Züge fast im Minutentakt nebenan vorbeiziehen. Eindrücklich!

Weiter geht's in Richtung Hardbrücke. Es lohnt sich, in die erste Seitengasse links einen Blick zu werfen. Neben dem Restaurant Gerold Chuchi gibt es ein tolles Dach aus Regenschirmen! Damit ist man im Gerold-Areal angekommen, das zwischen Gleisen, Gärten, Containern und hippen Lokalen liegt.

Weiter vorn hat man den Freitag Tower aus gestapelten Containern bereits im Blick. Hier bietet sich ein kurzer Abstecher auf den Turm an, von dem aus man einen einmaligen Ausblick aufs Quartier hat. Danach gibt es ein kühles Getränk in Frau Gerolds Garten, einem Biergarten und hippen Nutzgarten mit unzähligen verspielten Details, in dem es allerhand zu entdecken gibt.

Der Weg führt schließlich weiter bis zum Bahnhof Hardbrücke, vorbei am unübersehbaren Prime Tower. Unter der Hardbrücke lang geht es bis zum Schiffbau, von dem aus man zum Puls 5 gelangt.

Hin & weg: Start bei der Tramhaltestelle Dammweg, die man vom Hauptbahnhof Zürich schnell erreicht. Zurück geht es vom Escher-Wyss-Platz, von dem viele Busse und Trams fahren.

Dauer & Strecke: 1 Std. in Schlendertempo. Die Strecke ist etwa 3,5 km lang.

Beste Zeit: Ganzjährig.

Ausrüstung: Nichts Besonderes.

Unter den Steinbogen kann man durch interessante Shops bummeln und gemütliche Cafés entdecken. Die Züge gleiten währenddessen über das Viadukt.

Es lohnt sich hier, einmal durch die Gießereihalle, eine ehemalige Industriehalle, zu spazieren. Ein beeindruckendes Gebäude! Einmal quer hindurch, gelangt man auf der anderen Seite wieder ins Freie, bis zur Hardturmstrasse.

Im Quartierscafé Sphères auf der gegenüberliegenden Seite gibt es nochmals eine kleine Kaffeepause. Dabei kann man in der Buchhandlung stöbern. Danach schlendert man gemütlich über den Amphèresteg, der gleich nebenan liegt, hinunter an die Limmat.

FAZIT: TRENDIG, TRADITIONELL UND MODERN ZUGLEICH! BEIM SPANNENDEN STADTSPAZIERGANG DURCHS URBANE ZÜRICH FINDET MAN ALL DAS.

Bevor es über den Wipkingerpark wieder zurück zum Escher-Wyss-Platz geht, werden noch kurz die Füße ins kühle Nass der Limmat gestreckt. Der perfekte Abschluss!

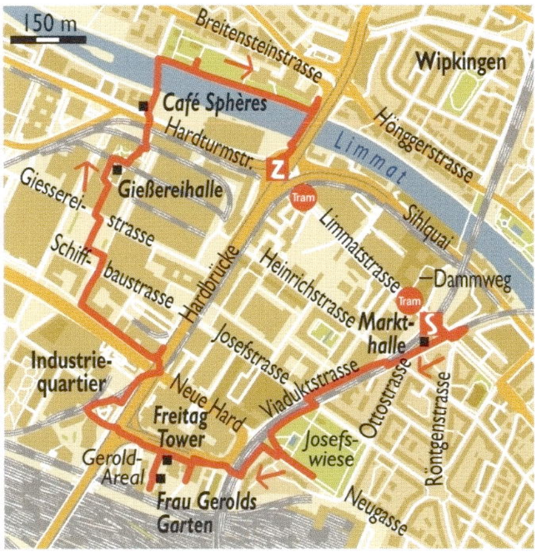

ELEFANTEN-RUNDE

Die wunderschöne Rundwanderung am Zürcher Stadtrand birgt eine große, unerwartete Überraschung! Denn mitten im Wald trifft man plötzlich auf einen Elefanten, welcher Wasser speiend im Bach steht. Ein Elefant? In Schweizer Wäldern? Ja, das gibt es! Und zwar in Zürichs Stöckentobel.

#ElefantimBach #Waldgeflüster #Stadtwanderung #werhättedasgedacht

Picknick nicht vergessen! Viele schöne Grillstellen oder Bänklein laden während der Runde immer wieder zu einer Pause ein.

Von der Tramhaltestelle Zürich Burgwies geht es über die Straße leicht den Hügel hoch. Nur ein paar Schritte weiter, beim Wegweiser Stöckentobel, zweigt der Weg links ab. Und schon befindet man sich von einem zum anderen Moment nicht mehr in der Stadt, sondern mitten im Wald.

Der idyllische Waldweg führt vorbei am Stöckenbach, über kleine Brücken, an wunderschönen Bäumen entlang und durch einen kleinen Tunnel. Ständig mit dem friedlichen Rauschen des Baches in den Ohren. Am Wegrand findet man immer wieder kleine Tafeln mit Rätseln. So erfährt man zum Beispiel, dass ein Elefant bis zu 50 Jahre alt werden kann. Elefant ist übrigens ein gutes Stichwort! Denn es nähert sich schon bald eine große Überraschung ...

Immer weiter geht's den gelben Pfeilen nach, vorbei an Grillstellen und über kleine, hübsche Brücken, bis man schließlich zum Elefantenbach kommt.

Und dann das Highlight der Wanderung: Plötzlich taucht er vor einem auf – der steinerne Elefant, der mitten im Bach steht. Da machen definitiv Groß und Klein riesige Augen. Der Elefant ist ein Zürcher Urgestein! Bereits 1898 wurde er vom Verschönerungsverein Zürich gebaut. Gleich oberhalb befindet sich außerdem eine nette Feuerstelle mit Unterstand. Ein wunderbarer Ort zum Verweilen, der aber doch noch nicht ganz so bekannt ist.

Auf dem gesamten Weg laden zahlreiche Sitzbänke zu einer Pause ein. Nach rund 50 Minuten Fußmarsch führt eine Treppe aus dem Wald. Man befindet sich in Witikon. Weiter geht's, nach rechts, an der Sportanlage Witikon vorbei. Über die Loorenstrasse, Witikonerstrasse und schließlich Trichtenhausenstrasse erreicht man den malerischen Dorfkern von Witikon.

Der nächste Halt ist die Trichtenhauser Mühle. Beeindruckend ist hier, dass dieser Landgasthof bereits seit dem Jahr 946 besteht! Im altehrwürdigen Restaurant Trichtenhauser Mühle gibt es für Wanderer ein kühles Getränk zur Erfrischung.

Nach einer kurzen Verschnaufpause geht es weiter. Die Straße hinunter führt der Weg rechts ab und beim Schild Pfadiweg wieder

Eine Wanderung nicht nur für Große, sondern auch für Kleine. Nebenbei erfährt man hier Wissenswertes aus der Welt der Tiere.

in den Wald hinein. Schon hört man den Wehrenbach rauschen, welcher das Wehrenbachtobel durchfließt und weiter bis in das Stadtgebiet vordringt.

Leicht abwärts führt die Rundwanderung durch den Wald. 30 Minuten verläuft der Waldweg den Bach entlang, dabei passiert man schöne Feuerstellen und Quellen, schließlich geht es zurück zum Ausgangspunkt, der Haltestelle Zürich Burgwies.

Hin & weg: Tram 11 bis Zürich Burgwies.

Dauer & Strecke: 2–3 Std., die Wanderung allein dauert knapp 2 Std. und ist 7 km lang.

Beste Zeit: Ganzjährig, besonders schön aber von Frühling–Herbst.

Ausrüstung: Bequeme Schuhe, etwas zu trinken.

FAZIT: IDYLLISCHE RUNDWANDERUNG AM STADTRAND – MIT ELEFANT IM WALD!

PLITSCH, PLATSCH, BADESPAß

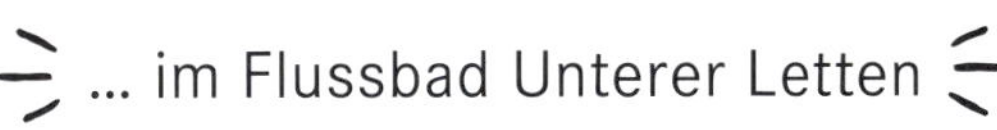

Baden im Fluss? Das ist in Zürich möglich! Flussbadis sind in dieser Stadt im Sommer nicht wegzudenken und helfen, einen kühlen Kopf zu bewahren. Besonders viel Badespaß bietet dabei der Untere Letten in Wipkingen, wo man noch wie vor über 100 Jahren ins kühle Nass springen kann.

#Flussbadi #Limmat #Abkühlung #wiezualtenZeiten

Von der Haltestelle Quellenstrasse aus, nicht weit vom Hauptbahnhof entfernt, ist man ruckzuck am Sihlquai. Von hier aus geht es bis zur alten Cigarettenfabrik, von wo aus man über das Lettenviadukt zum Flussbad Unterer Letten an der Limmat gelangt. Übrigens das älteste Flussbad von Zürich!

Vor den Toren des Unteren Letten ist es so richtig farbenfroh, denn an gewissen Orten sind Graffitis rund um die Badeanstalt erlaubt. An bunten Wänden vorbei, geht es zum Eingang der Badi. Das Angebot ist hier top, denn der Eintritt ist kostenlos, und es sind Umkleidekabinen und Duschen vorhanden!

Das Flussbad Unterer Letten (von Einheimischen »Underi Lätte« genannt), mit seinem 100 Meter langen Schwimmkanal, ist wunderbar geeignet, um sich an heißen Tagen mitten in der Stadt abzukühlen. Am meisten Spaß macht es natürlich, sich im Fluss treiben zu lassen. Und nichts geht einfacher als das. Denn unten beim Auffangrechen des Flussbades angekommen, klettert man einfach ruckzuck wieder an Land, läuft zurück, und der Spaß beginnt von vorn.

Das Flussbad Unterer Letten besteht bereits seit 1909. Erbaut wurde es von den Architekten Fissler und Friedrich. Das Besondere: Bis heute ist es fast gänzlich im Originalzustand erhalten. Am Anfang war es nur Männern vorbehalten. Heute dürfen sich aber zum Glück alle daran erfreuen. 1956 wurde das Bad nach den Plänen von Elsa und Ernst Burkhardt um ein Nichtschwimmer- sowie ein Planschbecken erweitert.

Das Baden im Schwimmkanal mit Auffangrechen ist nur guten Schwimmern zu empfehlen. Ein Erlebnis ist Zürichs historisches Flussbad aber für alle.

Nach einem Sprung vom Dreimeterbrett wird unter dem Schatten spendenden Dach des Kastenbades relaxt. Sonnenhungrige legen sich in der Zeit auf den Steg, welcher über die Limmat führt. Tritt der kleine Hunger ein, schafft der Kiosk mit Grilladen, Salaten oder Pasta Abhilfe. Und ein kühles Getränk gibt es natürlich obendrauf! Hier kann man es an einem heißen Sommertag gut aushalten.

FAZIT: ABKÜHLUNG UND BADESPAß IM ÄLTESTEN FLUSSBAD DER STADT.

Hin & weg: Mit Tram 4, 13 oder 17 bis Quellenstrasse oder Dammweg, von da sind es etwa 400 m bis zum Flussbad Unterer Letten.

Dauer: Von einer kurzen Abkühlung für 30 Min. bis zu einem ganzen Tag, je nach Lust und Laune.

Beste Zeit: Im Sommer. Je wärmer, desto besser!

Ausrüstung: Badesachen, Sonnencreme und Sonnenbrille.

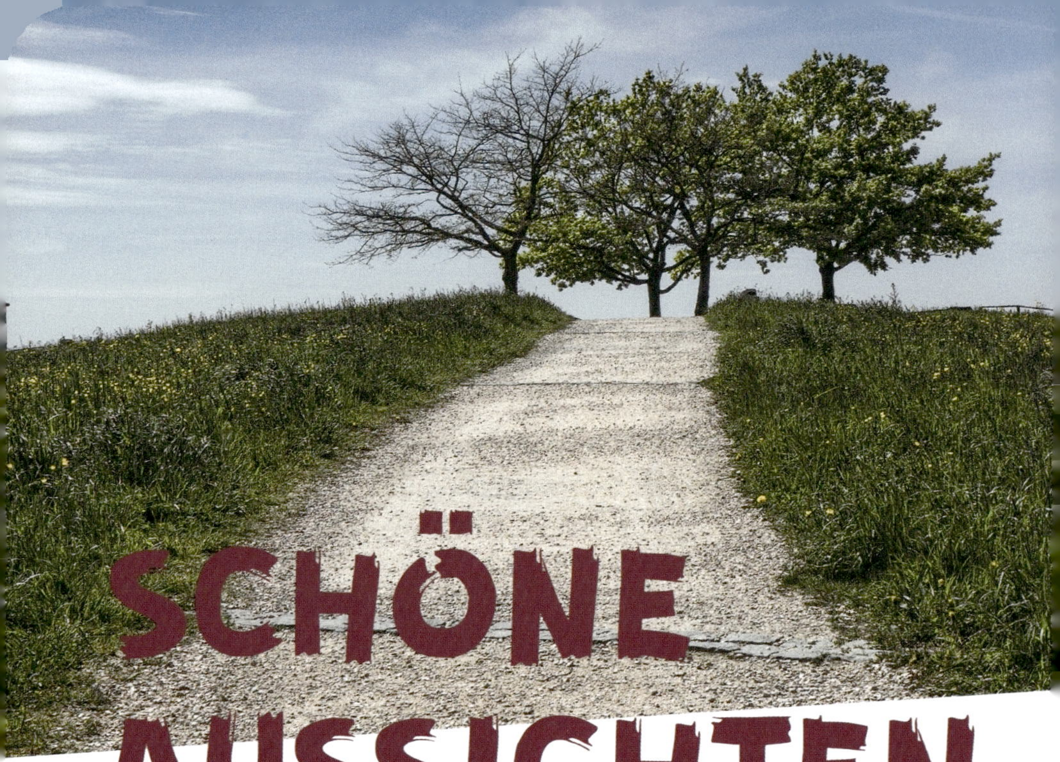

SCHÖNE AUSSICHTEN

… im Park der Uni Irchel

#10

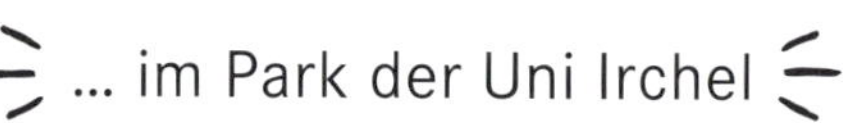

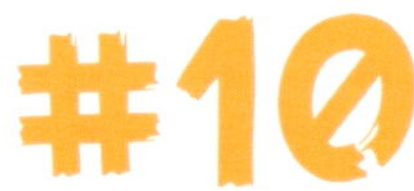

Wer Natur in nächster Umgebung sucht, ist im Irchelpark richtig. Nicht nur Studenten tummeln sich hier am Gewässer, nein, im Park der Uni Irchel ist jeder willkommen! Wer ein paar Schritte weiter geht, wird auf dem Monte Diggelmann mit toller Aussicht belohnt.

#Parkgeflüster #Enten #MonteDiggelmann

Einer von vielen wunderbaren Ausblicken in Zürich, und alle haben sie ihren eigenen Charme.

→ ABSTECHER …

Der kleine Ausflug startet an der Haltestelle Milchbuck. Dort überquert man einmal kurz die Tram- und Bushaltestelle, und schon beginnt der Weg, der einen nach wenigen Schritten mitten im Irchelpark stehen lässt. Wer denkt, dass der Park der Universität Irchel nur Studenten vorbehalten ist, irrt aber. Jeder ist willkommen, und so treffen hier Familien, Jogger, Studenten und Naturliebhaber aufeinander. Denn der rund 32 Hektar große Park mit seinen Naturwiesen, Hochstammbäumen und Gewässern ist einfach viel zu schön, um ihn zu verpassen!

Der Rundgang führt vorbei an einem kleinen See mitten im Park, wo sich von Frühling bis

Der Irchelpark bei der Universität ist nicht nur Studenten vorbehalten, sondern für jedermann zugänglich. Die Anlage mit dem Allmendsee ist äußerst idyllisch.

Herbst stets zahlreiche Enten tummeln. Ein herrlicher Ort zum Verweilen. Von da führt eine breite Treppe hinauf zum Gebäude der Universität Zürich. Hat man den Campus durchquert, befindet man sich von der einen zur anderen Sekunde in einer komplett anderen Welt. Denn an der Strickhofstrasse, auf dem ehemaligen Areal der Kantonalen Landwirtschaftlichen Schule Strickhof, steht man plötzlich nicht mehr vor den hohen, kahlen Wänden der Hochschule, sondern vor einem Bauernhof. Kontrast pur! Lamas, Schweine und Schafe inklusive.

Weiter geht's! Hinter dem Hof befindet sich ein kleiner Kiesweg, welcher leicht den Hügel hinaufführt. Und schon steht man da, beim Aussichtspunkt mit dem ungewöhnlichsten Namen der Stadt: dem Monte Diggelmann. Hier wird man mit einem fantastischen Ausblick über die Stadt, über den Uetliberg, den Flughafen sowie das Limmat- und Glatttal belohnt.

Übrigens, die Erhebung, auf der sich der Monte Diggelmann befindet, entstand aus der Aushuberde der Universität! Spannend ist auch die Namensgebung des Aussichtspunktes, welcher dem ehemaligen Kantonsrat Walter Diggelmann gewidmet wurde. Dieser hat jahrelang gegen die Universitätsüberbauung am Irchel gekämpft. Bis sich das Volk 1971 dafür entschied ...

Vom Monte Diggelmann ist man in fünf Minuten wieder an der Tramhaltestelle Letzistrasse, von der aus das Tram in zehn Minuten zurück ins Zentrum fährt, in den Trubel der Stadt.

FAZIT: EINE ERHOLUNGSOASE FÜR GROß UND KLEIN, DEFINITIV NICHT NUR FÜR STUDENTEN. MIT EINER HERRLICHEN AUSSICHT ÜBER DIE STADT!

Hin & weg: Tram 7, 10, 14 oder Bus 69 bis Milchbuck. Zurück geht es von der Haltestelle Letzistrasse, von der man mit Tram 9 oder 10 schnell wieder im Zentrum ist.

Dauer & Strecke: 1–2 Std. Die Strecke ist 2,5 km lang.

Beste Zeit: Ganzjährig.

Ausrüstung: Gute Laune, etwas zu trinken und ein Buch, um ein wenig zu verweilen.

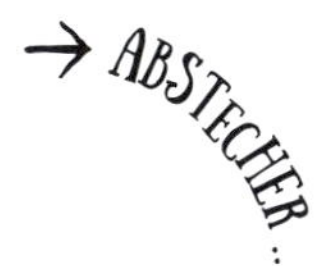

ES ROLLT UND ROLLT

... mit dem Fahrrad zum Zürichhorn

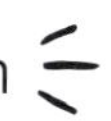

#11

Mit dem Velo durch Zürich düsen wollen, aber keines zur Hand? Kein Problem! Bei Züri rollt kann man kostenlos Fahrräder ausleihen und damit die Stadt erkunden. Besonders schön: Eine kleine, aber feine Tour den See entlang bis zum Zürichhorn! Mit einem Abstecher in den legendären Pavillon Le Corbusier.

#LeCorbusier #Chinawisä #kurzmalraus

Die Plastik »Heureka« stellt eine »Leerlaufmaschine« dar und ist als Allegorie auf die Konsum- und Industriegesellschaft zu verstehen.

Gleich neben der Pestalozziwiese, nicht weit von der Bahnhofstrasse entfernt, steht einer von mehreren Containern des Verleihers Züri rollt. Hier können kostenlos Fahrräder ausgeliehen werden. Züri rollt gibt es an mehreren Standorten. Es handelt sich um ein Arbeitsintegrationsprogramm der Stadt Zürich. Eine tolle Sache für alle!

Schnell sind die Formalitäten erledigt. Los geht's mit dem Fahrrad in Richtung Urania, einmal quer über die Rudolf-Brun-Brücke, und schon ist man am bekannten Limmatquai, einem der schönsten Orte der Stadt Zürich!

Immer mal wieder einen Halt einlegen lohnt sich. Es gibt zahlreiche tolle Fotomotive die Limmat entlang. Zürichs Wahrzeichen, das Grossmünster, das Fraumünster oder auch das Rathaus – Zürichs Altstadt kann sich absolut sehen lassen!

Genau so schön ist es aber auch am Zürichsee. Und so geht es weiter über den Bellevue Platz zur Quaianlage und immer weiter am See entlang. Am besten nimmt man es gemütlich, denn man findet an der Promenade viele schöne Plätzchen mit Blick auf den Zürichsee. Pflicht ist zudem ein Halt beim Glacéstand Gelati am See (www.gelatiamsee.ch). Es heißt, hier gäbe es das beste Eis der Stadt!

Nur wenige Meter weiter erreicht man neben der Blatterwiese, unter Einheimischen besser als Chinawiese bekannt, den Pavillon Le Corbusier an der Höschgasse 8. Ein einzigartiges Gebäude und das letzte Werk des bedeutenden Schweizer Architekten. Ein Juwel besonderer Baukunst, welches als öffentliches Museum zugänglich und eintrittspflichtig ist. Besucher können sich wechselnde Ausstellungen zum Werk von Le Corbusier ansehen.

Hin & weg: Von Zürich Hauptbahnhof sind es 400 m bis zur Pestalozzianlage, Veloverleih an der Lintheschergasse (www.stadt-zuerich.ch/veloverleih).

Dauer & Strecke: 1–3 Std., je nachdem, wie lange man am Zürichhorn und im Pavillon Le Corbusier verweilt. Die Velotour hat 7,6 km, was ohne Pausen rund 35 Min. dauert.

Beste Zeit: Die Velotour ist das ganze Jahr schön, der Pavillon Le Corbusier ist aber nur im Sommer geöffnet (www.pavillon-le-corbusier.ch).

Ausrüstung: Personalausweis und Geld für das Depot beim Fahrradverleih. Ein Helm kann kostenlos ausgeliehen werden.

Die Zürcher lieben ihren Zürichsee – und das absolut zu Recht. Auf einer Velotour am See entlang gibt es sehr viel zu entdecken.

Nach dem Rundgang durchs farbenfrohe Gebäude wird wieder in die Pedale getreten. Es geht noch etwas weiter den See entlang, durch den schönen Park des Zürichhorns bis zur berühmten Skulptur »Heureka« des Künstlers Jean Tinguely.

Anschließend macht man sich auch schon wieder auf den Rückweg. Dieses Mal jedoch das Seefeld hinunter und beim Bellevue über den Bürkliplatz via Bahnhofstrasse zurück zum Stand von Züri rollt.

FAZIT: EINE KURZE VELOTOUR VON DER INNENSTADT AN DEN SEE. MIT EINEM ARCHITEKTONISCHEN UND EINEM KÜNSTLERISCHEN HIGHLIGHT!

AB AUFS WASSER!

... von Zürich Wipkingen bis Dietikon

#12

An heißen Tagen gibt es nichts Schöneres, als auf dem Gummiboot die Limmat hinunterzutreiben und den Alltag hinter sich zu lassen. Von Zürich geht es dabei mit dem Boot das Limmattal hinunter bis nach Dietikon. Das Tüpfelchen auf dem i: eine Tour bei Sonnenuntergang.

#fürimmerSommer #relax #knallrotesGummiboot #Limmatböötle

→ ABSTECHER ...

Beim Wehr Höngg muss kurz ausgestiegen werden, bevor es weitergeht.

Gestartet wird in Zürich Wipkingen beim Wipkingerpark. Erst heißt es das Gummiboot aufblasen, bevor bei der großen Treppe eingewässert wird. Ein idealer und einfacher Einstiegsort ins Gummiboot.

Und schon geht es los! Abgesehen davon, dass Gummibootfahren an sich einfach schön ist, erhält man vom Bötchen aus auch einen ganz anderen Blick auf Zürich. Es lohnt sich also, die Augen offen zu halten. Und so geht es am Industriequartier (Industrieviertel) Zürich-West vorbei, bis die Ufer allmählich immer grüner und naturbelassener werden.

Nach rund einer halben Stunde ist Vorsicht geboten. Beim Wehr Höngg müssen alle Boote auf der linken Seite aus dem Wasser gezogen werden, um sie auf einer kurzen Strecke am Wehr vorbeizutransportieren. Der Ausstieg wird bereits frühzeitig auf einem Schild an der Brücke angezeigt. Darauf ist zu achten, dann kann nichts schiefgehen.

Über die alte Kahnrampe gelangt man schließlich schnell zurück ins Wasser. Schon treibt das Gummiboot gemütlich weiter über die Limmat. Bald kommt man auf der rechten Seite an der Werdinsel vorbei, im Sommer ein

Es gibt nichts Schöneres, als sich bei Sonnenuntergang die Limmat hinuntertreiben zu lassen.

beliebter Bade- und Picknickort. Wer möchte, kann hier einen Halt einlegen.

Weiter geht's den Fluss hinunter, und schon hat man die Stadtgrenze erreicht. Zwischen Bäumen, gelegentlich einem Haus und ganz viel Natur kann man auf der rechten Seite die massive Autobahnbrücke und Raststätte in Oberengstringen erkennen. Doch dies stört die friedliche Stimmung überhaupt nicht.

Die Treppe beim Wipkingerpark ist der perfekte Einstiegsort für eine Fahrt mit dem Gummiboot.

Am besten lässt man sich einfach treiben. Ab und zu ist ein Ruderschlag nötig, um immer schön mittig unter den Brücken und an den Pfeilern vorbeizukommen, ansonsten ist aber nicht viel zu tun, außer in vollen Zügen zu genießen. Den Rest übernimmt die Strömung der Limmat. Also am besten lässt man sich einfach treiben.

Nach 1,5 bis zwei Stunden Fahrzeit, je nachdem, wie stark die Strömung ist, erreicht man Dietikon. Hier gibt es zwei Ausstiegsstellen: Eine bei der Allmend Glanzenberg beim Bahnhof Glanzenberg und eine beim Bahnhof Dietikon. Beide Ausstiegsstellen sind gut gekennzeichnet und prima geeignet, um sich auszuwassern.

Hin & weg: Der Wipkingerpark ist über den Escher-Wyss-Platz über verschiedene Tram- und Busverbindungen gut erschlossen. Von Dietikon oder Glanzenberg geht es mit der S19, S11 oder S12 zurück nach Zürich.

Dauer & Strecke: 2 Std., die Strecke Wipkingen-Glanzenberg ist 9,5 km lang.

Beste Zeit: Im Sommer. Am schönsten ist es gegen Abend bei Sonnenuntergang. Man sollte aber rechtzeitig in Zürich ablegen, mind. 2,5 Std. bevor die Sonne untergeht. Ist der Wasserspiegel extrem hoch und zieht der Fluss stark, ist Vorsicht geboten!

Ausrüstung: Gummiboot, Badesachen, kühle Getränke, Sonnenschutz und evtl. ein Trockensack für Wertsachen.

FAZIT: DAS SCHÖNSTE VERKEHRSMITTEL AN HEIßEN SOMMERTAGEN IST IN ZÜRICH DEFINITIV DAS GUMMIBOOT!

ZWISCHEN STAHL UND NATUR

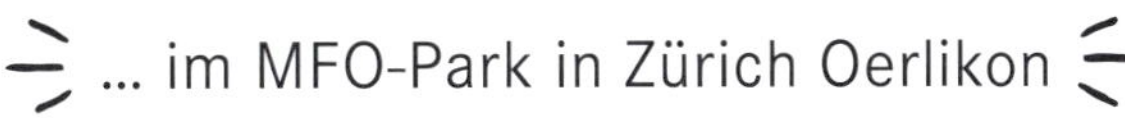

Wer hätte gedacht, dass die größte Gartenlaube der Welt in Zürich steht? Genauer gesagt in Oerlikon, gleich hinter dem Bahnhof. Der MFO-Park ist ein faszinierendes, eindrückliches Konstrukt und definitiv ein Park der ganz anderen Art. Und noch dazu ein wunderbarer Ort, um einfach etwas zu verweilen.

#Stadtparkmalanders #riesenGartenlaube #ZürichNord

Einen sehr ungewöhnlichen Stadtpark, wie man ihn sonst wohl noch nie gesehen hat, hat Zürich zu bieten. Hier bewegt man sich zwischen Stahlgerüst und Pflanzenranken.

Im Norden von Zürich, an der Elias-Canetti-Strasse in Oerlikon, findet man gleich hinter dem Bahnhof einen ganz besonderen Stadtpark. Der 2002 erbaute MFO-Park auf dem ehemaligen Gelände der Maschinenfabrik Oerlikon (MFO) ist einerseits ein architektonisches Kunstwerk, welches an die vergangene Nutzung erinnert, andererseits eine ge-

Ein Boden voller farbiger Glasstücke. Das und vieles mehr kann man auf einer Entdeckungstour durch den MFO-Park finden.

mütliche Parkhalle, die zum Verweilen einlädt. Ein Spagat, welcher bestimmt nicht einfach zu realisieren war. Doch er ist definitiv gelungen, was unter anderem auch mehrere Auszeichnungen zeigen.

Die eindrückliche, von Maschendraht überzogene Konstruktion bildet über mehrere Ebenen einen Park im Grünen, der von üppig wuchernden Pflanzen eingehüllt wird. Ein interessanter Kletterpflanzenwald, der immerfort im Wandel ist.

Je nach Jahreszeit ändern die Blätter ihre Farben, und von Jahr zu Jahr wird der Pflanzenwald dichter und dichter. Einfach nur faszinierend. So sorgt etwa ein wilder Wein im Herbst für rot leuchtende Blätter, während der Park im Sommer tiefgrün erstrahlt und etwas richtig Beruhigendes hat.

Auf mehreren Ebenen findet man im MFO-Park über verschiedene Treppenläufe lauschige Plätzchen und Bänke, perfekt, um etwas zu lesen oder das Lichtspiel zwischen den Blättern zu beobachten. Besonders schön ist es dabei auf einem der herausragenden Balkone. Ein Besuch führt aber unbedingt auch auf das Sonnendeck ganz oben, von wo aus man die umliegenden Gebäude des eher neuen Stadtteils Zürich-Nord bestaunen kann.

Übrigens, mit 100 Metern Länge, 34 Metern Breite und 18 Metern Höhe ist der MFO-Park gar die größte Gartenlaube der Welt! Welche Stadt kann schon behaupten, diese ihr Eigen nennen zu dürfen?

Hin & weg: Von Zürich Hauptbahnhof gibt es zahlreiche Verbindungen, mit denen man in rund 5 Min. am Bahnhof Oerlikon ist. Vom Bahnhof Oerlikon sind es 400 m zu Fuß.

Dauer: 1-2 Std.

Beste Zeit: Ganzjährig. Die Pflanzen verändern sich je nach Jahreszeit. Im Sommer ist alles schön grün, und im Herbst färben sich die Blätter teilweise rot, was auch herrlich ist.

Ausrüstung: Vielleicht etwas zum Lesen, um auf einem Bänklein zu verweilen.

FAZIT: EIN PARK DER ANDEREN ART, ZWISCHEN HARTER STAHLKONSTRUKTION UND SICH ROMANTISCH RANKENDEN PFLANZEN.

ADRENALIN-KICK

... im Seilpark Zürich in Kloten

#14

Lust auf Natur und Action? Dann bietet dieser Seilpark die perfekte Abwechslung! Nur wenige Minuten von Zürich entfernt, ganz in der Nähe des Flughafens, kann man mitten im Wald durch die Bäume balancieren und kommt dabei das ein oder andere Mal an seine Grenzen.

#nichtsfürschwacheNerven #Sportmalanders #vonBaumzuBaum

→ ABSTECHER

Beim Seilpark Zürich in Kloten angekommen, wird man beim Kiosk gleich in Empfang genommen, und schon kann es losgehen. Die Kletterausrüstung samt Handschuhen wird angezogen, und dann beginnt bereits die Einführung im Übungsparcours.

Der Instruktor erklärt geduldig, was man bezüglich Sicherheit im Seilpark wissen muss. Denn Sicherheit ist das A und O und erfordert einiges an Selbstdisziplin. Dabei wird mit zwei Karabinern geklettert, wovon einer immer eingehängt sein muss. Wie beim Klettersteig! Sonst gibt es eine gelbe oder rote Karte der Aufsichtsperson. Alles klar!

Die Regeln sind nicht schwer zu merken, und bevor es losgeht, wird alles noch kurz geübt. Ist der Minitest bestanden, wird es langsam, aber sicher ernst!

Über einen kleinen Weg geht es einige Meter in den Hardwald hinein, schon steht man vor dem Seilpark. In verschiedenen Parcours werden hoch über dem Waldboden Hindernisse in unterschiedlichen Schwierigkeitsstufen überwunden. Von eher leicht und ideal auch für Kinder bis fast unüberwindbar schwer (007-Level!).

Begonnen wird aber immer mit dem einfachsten Parcours, blau markiert, um erst einmal ein Gefühl zu bekommen. Es geht von Baum zu Baum, über wackelige, abwechslungsreiche Elemente, und schnell merkt man, dass der Seilpark einiges an Kraft erfordert!

Hat man den ersten Parcours gemeistert, geht es weiter zu den mittleren (rot) bis schweren Parcours (schwarz). Aber Achtung, letztere sind definitiv nichts für schwache Nerven! Beim schwarzen Parcours für 007-Anwärter werden zehn Hindernisse bis zu einer Höhe von 15 Metern überwunden. Dabei braucht man ganz schön viel Kraft, und manch einer schafft es nicht bis zum Schluss. Doch genau das ist die Challenge! Klappt es einmal doch nicht wie erhofft, kann man jederzeit die Aufsichtsperson rufen und bekommt Hilfe.

Hin & weg: Mit der S7 von Zürich nach Kloten (16 Min.) und von da 950 m zu Fuß. Parkplätze sind vorhanden.

Dauer: Max. 3 Std. im Seilpark. Wenn es warm ist, kann man danach gleich noch in der Badi bleiben (im Preis inbegriffen).

Beste Zeit: April–Oktober (im Winter geschlossen). Weitere Infos unter (www.seilpark-zuerich.ch).

Ausrüstung: Bequeme Outdoorkleidung, Turnschuhe, Haargummi für lange Haare, Badesachen. Die Kletterausrüstung bekommt man gestellt.

Hier kann man sich einmal wie Tarzan fühlen, denn im Seilpark geht es hoch hinaus. Die Hindernisse, die überwunden werden müssen, haben eine Höhe von bis zu 15 Metern.

Nach drei Stunden im Park (maximale Zeit) sind die Kraftreserven aufgebraucht, der Adrenalinkick am Limit, und man darf zu Recht stolz auf sich sein! Als perfekte Belohnung gibt es zum Schluss noch einen Sprung ins kühle Nass. Denn gleich neben dem Seilpark befindet sich eine Badi, welche im Preis inbegriffen ist!

FAZIT: SO VIEL ACTION HAT MAN IM WALD SONST NIE – INKLUSIVE EINER GROßEN PORTION ADRENALIN. NICHTS FÜR SCHWACHE NERVEN!

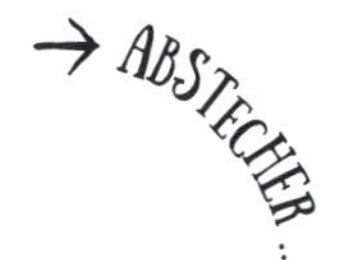

FIT DURCH DEN WALD

… beim Vita Parcours in Zürich Fluntern

#15

Beim Vita Parcours wird Joggen mit Kraft- und Ausdauerübungen kombiniert und das alles mitten im Wald. Eine tolle Möglichkeit, für ein Stündchen abzuschalten, sich auszupowern und dabei gleichzeitig voll und ganz in die Natur einzutauchen.

#Waldsport #laufForrestlauf #hinterdemZoo

Der Weg wird gesäumt von verschiedenen sportlichen Geräten. Auf Schildern findet man genaue Erklärungen für die Übungen.

Das erste Schild erklärt die grundlegenden Techniken wie Running, Walking oder Nordic Walking. Jeder entscheidet sich für sein persönliches Tempo. Nun heißt es laufen, wobei es zwischendurch 15 Stationen mit Übungen im Bereich Ausdauer, Beweglichkeit und Kraft gibt. Doch egal, ob joggend oder vielleicht doch lieber gemütlich spazierend, der Weg durch den dichten Wald ist richtig romantisch und lässt einen wunderbar einfach mal durchatmen und dem Stadttrubel entkommen.

Auf dem Vita Parcours werden abwechselnd Übungen an einfachen Sportgeräten aus Holz, auf einer Holzbank oder an Ringen absolviert. Dabei wird verständlich und übersichtlich erklärt, was zu tun ist.

Für diejenigen, die Joggen schnell langweilig finden, sich aber trotzdem gern sportlich im Freien betätigen, ist der Vita Parcours vielleicht die perfekte Abwechslung. Eine tolle Kombination aus Naturerlebnis, Joggen und Fitnessübungen.

In der ganzen Schweiz gibt es über 500 dieser Parcours (www.zurichvitaparcours.ch). Einen besonders schönen und dazu noch den ersten überhaupt, findet man seit 1968 in Zürich Fluntern, gleich hinter dem Zoo.

Von der Tramhaltestelle Zoo geht es am Sportplatz des ASVZ vorbei, bei der Querstraße Forrenweidstrasse nach rechts, bis ans Ende des Parkplatzes. Und schon steht man auf dem Waldweg. Nun heißt es nach den Schildern Ausschau halten, die den Parcours leiten.

Je weiter der Parcours führt, desto schöner wird die Umgebung. Bei der Hälfte der Route kommt man am idyllischen Sagentobelbach und einem kleinen Holzbrücklein vorbei. Absolut verständlich, wenn man hier kurz vergisst, dass man eigentlich joggen sollte.

Am plätschernden Bächlein vorbei, geht es leicht bergauf in Richtung Adlisberg. Und schon ist man bei Übung Nummer elf angelangt. Das letzte Stück bringt einen nochmals richtig ins Schwitzen, während eine hölzerne Treppe weiter den Berg hochführt – vorbei an den letzten Posten.

Allmählich übertönt der Lärm der nahen Straße die Waldgeräusche, und auf der linken Seite führt der Weg am Sportplatz der Universität Zürich vorbei. Damit weiß man, dass es

Wer möchte da noch in ein Fitnesscenter gehen? In der Natur ist es doch so viel schöner, angenehmer, ruhiger und außerdem kostenlos.

nur noch wenige Meter bis zur letzten Station sind. Zum Schluss wird ausgiebig gedehnt, bevor sich der kleine sportliche Abstecher in den Wald dem Ende zuneigt.

FAZIT: WALDSPAZIERGANG MAL ANDERS – JOGGEND DURCH DEN LAUSCHIGEN WALD.

Hin & weg: Tram 6 bis Zoo. Zahlreiche Parkplätze vorhanden.

Dauer & Strecke: 30–60 Min., je nachdem, wie viel Zeit man sich für die Übungen nimmt. Die Strecke ist 2,7 km lang, die Steigung beträgt 50 m.

Beste Zeit: Ganzjährig.

Ausrüstung: Joggingschuhe, Sportbekleidung, Wasser.

TROPEN-GEFÜHLE

… im Botanischen Garten

#16

Im Winter in die Tropen entfliehen, ohne ins Flugzeug zu steigen? Nichts leichter als das! Sogar mitten in Zürich. Dabei kann man nicht nur einiges über Pflanzen lernen, auch wer einfach nur die Seele baumeln lassen möchte, ist im Botanischen Garten genau richtig.

#grünesMuseum #abindieTropen #Botanik #Stadtpark

Zwar ist der Botanische Garten das ganze Jahr herrlich, doch besonders im Winter kann man hier wunderbar der Kälte entfliehen.

Unter den futuristischen Kuppeln des Botanischen Gartens der Universität Zürich fühlt man sich wie in die Tropen versetzt. Nur wenige Minuten vom Stadtzentrum entfernt, kann man hier in eine wunderschöne grüne Oase eintauchen, welche sowohl als Erholungsgebiet als auch als Labor für die Wissenschaft dient. Denn unter den rund 7000 Pflanzen findet man manch bedrohte Pflanzenart.

Die drei Tropenhäuser, das Herzstück des Parks, sind nach den Regionen Tropische Trockengebiete, Tropisches Tiefland und Tropischer Bergwald eingeteilt. Geht man durch die Gewächshäuser, dann merkt man gleich, dass sich Luftfeuchtigkeit und Temperaturen je nach Haus sehr stark unterscheiden. Man kann in einer Stunde quasi drei komplett verschiedene Klimazonen der Erde besuchen und muss dafür nicht in ein Flugzeug steigen, ziemlich cool, oder?

Aber nicht nur die Tropenhäuser sind spannend, um auf Entdeckungstour zu gehen. Auch im Park der ehemaligen Villa Schönau ent-

---

Hin & weg: Tram 11 bis Hegibachplatz, Tram 2 oder 4 bis Höschgasse oder Bus 33 bis Botanischer Garten.

Dauer: 1–2 Std.

Beste Zeit: Den Garten kann man ganzjährig kostenlos besuchen. Besonders friedlich ist es hier im Winter (Öffnungszeiten: www.bg.uzh.ch).

Ausrüstung: Ein gutes Buch, Proviant für ein Picknick für alle, die noch länger im Park verweilen möchten.

Auf seiner Entdeckungsreise kann der Besucher rund 700 Pflanzenarten kennenlernen und viele Informationen aufnehmen.

deckt man zahlreiche Schätze der Natur, und am besten lässt man sich einfach treiben und spaziert einmal rund um den ganzen Park. Verschiedene Gärtner kümmern sich während des ganzen Jahres täglich um die rund 7000 unterschiedlichen Pflanzenarten, welche auf einer Fläche von 53 000 Quadratmetern gedeihen. Sie beantworten übrigens auch gern Fragen zu ihren Schützlingen!

Viele der Pflanzen sind im Park ausgeschildert. So kriegt man gleich noch etwas Botanikwissen mit auf den Weg. Ein grünes Museum quasi. Man lernt dabei auch unerwartete Dinge, wie den Grund, weshalb Wasabi zu Sushi gehört, und wie die Wasabiwurzel eigentlich aussieht. Die Antwort auf die erste Frage lautet übrigens: wegen seiner desinfizierenden Wirkung beim rohen Fisch! Wer noch mehr lernen möchte, nimmt am besten an einer der wöchentlichen Führungen teil und kann dann zum Beispiel etwas über Heilpflanzen der Tropen oder die Freundschaft von Ameisen und Pflanzen erfahren.

Nach einem ausgedehnten Spaziergang durch den Park und die Tropenhäuser laden verschiedene Sitzgelegenheiten unter freiem Himmel dazu ein, einfach mal die Seele baumeln zu lassen. Oder man bringt ein gutes Buch mit und setzt sich damit in die Sonne. Zudem gibt es im Botanischen Garten eine kleine Caféteria.

FAZIT: TROPENGEFÜHLE AUCH AN KALTEN TAGEN IM GRÜNEN MUSEUM. UND DAS MITTEN IN DER STADT ZÜRICH!

EINFACH MAL SEIN

Die Zürcher lieben ihre Wiesen und Parks in der Stadt! Während auf der China- oder der Rentenwiese aber fast immer viel los ist, ist es im Rieterpark beim Museum Rietberg deutlich ruhiger. Der perfekte Ort für ein entspanntes Picknick, mitten in der Stadt!

#picknicken #Stadtpark #Oase #MuseumRietberg

Von der Tramhaltestelle aus sind es nur ein paar Schritte die Straße entlang bis zum Wegweiser Museum Rietberg im Quartier (Viertel) Enge. Diesem gilt es zu folgen.

Durch ein schmiedeeisernes Tor gelangt man so nach nur wenigen Schritten zum Rieterpark. Kaum durchs Tor getreten, scheint das Stadtleben wie weggezaubert. Riesengroße, alte Bäume säumen den Kiesweg, welcher leicht den Hügel hinaufführt. Das Museum Rietberg kann man dabei hinter den Bäumen erst erahnen.

Das Museum für Kunst aus Asien, Afrika, Amerika und Ozeanien ist übrigens das einzige Kunstmuseum für außereuropäische Kulturen in der Schweiz und das drittgrößte Zürcher Museum.

Heute geht es aber nicht ins Museum, das man wenig später auf der rechten Seite sieht. Sondern gleich weiter, geradeaus, auf die riesige Wiese des größten Zürcher Stadtparks.

Das Tolle: Unter der Woche hat man diesen mit etwas Glück fast für sich allein! Der perfekte Ort für ein gemütliches Picknick.

Hier heißt es nun, Picknickdecke ausbreiten, hinsetzen und einfach nur genießen. Es ist so friedlich, dass auch schon der eine oder andere ein kleines Mittagsschläfchen im Rieterpark gemacht hat.

Zum Schluss geht es noch kurz bis ans Ende des Parks. Hier kann man nämlich zwischen den Bäumen hindurch einen Blick auf den Zürichsee erhaschen, bevor man die grüne Oase

Kunstinteressierte sollten einen Abstecher in das Museum Rietberg machen. Für Naturfreunde reicht eine Runde durch den Rieterpark, an dessen Ende man auch einen Blick auf den Zürichsee erhaschen kann.

schließlich durch die Baumallee und den Kiesweg hinunter wieder verlässt. Hinaus aus der grünen Idylle, wieder zurück ins Stadtleben.

FAZIT: NICHT NUR FÜR MUSEUMSBESUCHER IST DER RIETERPARK DER PERFEKTE ORT FÜR EIN PICKNICK!

Hin & weg: Mit Tram 6 oder 7 bis Museum Rietberg.

Dauer: 1-2 Std. bzw. so lange bleiben, wie man Lust hat! Wer möchte, macht auf dem Rückweg noch einen Abstecher ins Museum Rietberg.

Beste Zeit: Ganzjährig, am besten am Nachmittag unter der Woche.

Ausrüstung: Picknickdecke, etwas zu essen und zu trinken. Für noch etwas mehr Action Federballschläger oder Bocciakugeln.

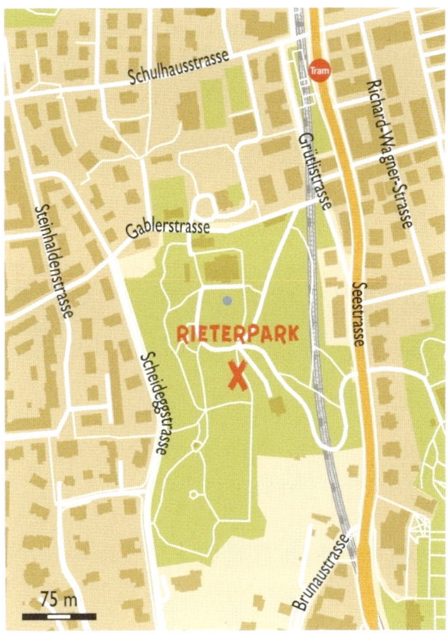

HERBST-GEFÜHLE

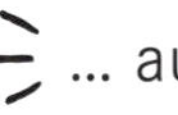 ... auf der Jucker Farm in Seegräben 

#18

Die Jucker Farm in Seegräben im Zürcher Oberland verwandelt sich im Herbst in eine riesige Kürbisausstellung. Da leuchten definitiv nicht nur Kinderaugen! Zudem hat man von hier eine herrliche Aussicht über den wunderschönen Pfäffikersee und die ländliche Umgebung.

#Kürbiszeit #ZürcherOberland #Erlebnisbauernhof

Auf dem Erlebnisbauernhof gibt es für Groß und Klein eine Menge zu entdecken.

Etwas oberhalb des Pfäffikersees liegt der Erlebnisbauernhof Jucker Farm, inmitten von Obst- und Gemüsefeldern, in der kleinen Gemeinde Seegräben. Ein Bauernhof, welcher es sich zum Ziel gesetzt hat, Obstbau zum Erlebnis zu machen. Angefangen hat alles mit einer Kürbisausstellung Ende der 1990er-Jahre. Heute betreiben Martin und Beat Jucker vier Erlebnisbauernhöfe, zwei Restaurants, drei Hofläden und einen Produktionshof.

Beeindruckende Kunstwerke aus Kürbis: Jeden Herbst begeistert die Jucker Farm mit neuen Skulpturen und tollen Ideen.

Ein typischer Bauernhof ist die Farm schon lange nicht mehr, das Konzept des Betriebs ist inzwischen bis ins kleinste Detail durchgeplant und perfektioniert. Die Jucker Farm hat sich über die Jahre erfolgreich zum wohl trendigsten Erlebnisbauernhof der Gegend gemausert und ist ein schönes Ausflugsziel für Groß und Klein. Die Farm ist täglich geöffnet, und der Eintritt ist frei (www.juckerfarm.ch).

Während sich die Kleinen am Spielplatz, dem Geisslipark oder der Burg aus Strohballen erfreuen, staunen die Großen über die wunderbare Aussicht auf den Pfäffikersee und das große Angebot im Hofladen, das diverse Gemüse-, Früchte- und Beerensorten umfasst. Die Hängematten zwischen den Bäumen verleiten dazu, sich hineinzulegen und einfach mal die Seele baumeln zu lassen.

Ein Besuch auf der Jucker Farm lohnt sich ganz besonders im Herbst. Dann findet alljährlich die große Kürbisausstellung mit verschiedenen, imposanten Kürbisskulpturen statt. Jedes Jahr wechselt das Thema, und so findet man in einem Jahr beispielsweise riesengroße Fabelwesen auf dem Gelände der Farm verteilt und im nächsten eine Ausstellung rund um das

---

Hin & weg: Mit der S14 von Zürich bis Aathal. Von hier sind es 1,3 km zu Fuß bis zur Jucker Farm (Dorfstrasse 23, Seegräben). Großer Parkplatz bei der Jucker Farm.

Dauer: 1–3 Std.

Beste Zeit: Im Herbst, wenn die Kürbisausstellung steht, ist es auf der Jucker Farm am schönsten. Am Wochenende ist die Farm sehr gut besucht, am besten geht man unter der Woche.

Ausrüstung: Vielleicht eine Kamera und Hunger!

Thema Musik. Dabei geben die Skulpturen aus mehreren Tausend Kürbissen in allen Farben und Formen tolle Fotomotive ab.

Wer noch nicht genug vom Kürbis hat, kann diesen anschließend im Restaurant in Form einer feinen Kürbissuppe gleich probieren. Oder man nimmt einfach einen aus dem Hofladen mit und zaubert damit nach dem entspannten Ausflug ein herbstliches Gericht in der eigenen Küche. Im Restaurant gibt es übrigens viele saisonale Köstlichkeiten.

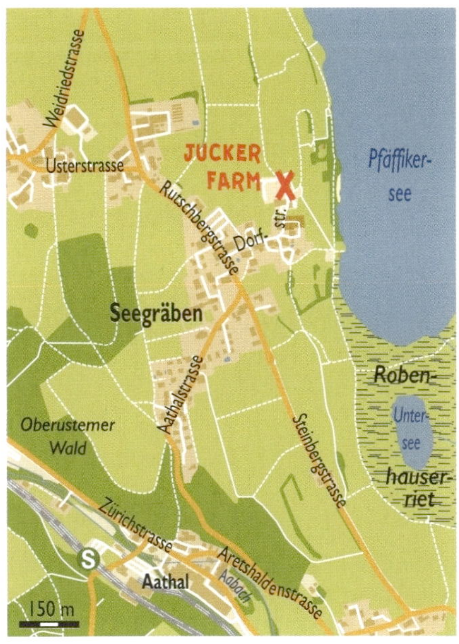

FAZIT: IM HERBST VERWANDELT SICH DIE JUCKER FARM IN EINE RIESIGE, SPEKTAKULÄRE KÜRBISAUSSTELLUNG UND BEGEISTERT GROß UND KLEIN.

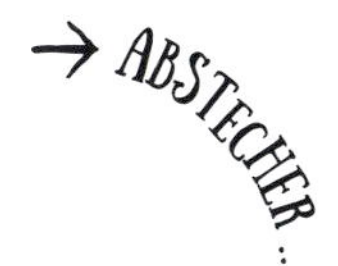

IM KAKTEEN-LAND

Wer hätte das gedacht: Eine der weltweit bedeutendsten Sukkulentensammlungen liegt im kleinen, feinen Zürich! Nicht nur für Fans von Kakteen, Agaven oder Aloe ein Highlight. Ein toller Abstecher für alle, die an verschneiten oder regnerischen Tagen ins Grüne möchten, aber keine Lust auf nasse Füße haben.

#Sukkulentenüberall #Kakteenparadies #ausderganzenWelt

Seit 1931 gibt es die Sukkulentensammlung in Zürich. Sie ist eine der größten und bedeutendsten Sammlungen dieser Pflanzen, die Wasser speichern, um in Trockenzeiten wachsen und blühen zu können.

Vom Hauptbahnhof Zürich gelangt man in rund 20 Minuten zur Sukkulentensammlung, die gegenüber dem Strandbad Mythenquai direkt am Zürichsee liegt. Schon von Weitem kann man die gläsernen Gewächshäuser erspähen und bereits einen ersten Blick darauf erhaschen, was einen im Inneren erwartet.

Geht man durch die sieben Gewächshäuser der Sukkulentensammlung Zürich, fühlt man sich wie in einer anderen Welt. Denn nur selten hat man sonst die Gelegenheit, eine nur annähernd große Artenvielfalt an Sukkulenten zu bewundern. Über 4400 Arten aus 78 Pflanzenfamilien wachsen hier auf 4750 Quadratmetern und werden seit Jahrzehnten liebevoll gehegt und gepflegt. Und dies bereits seit 1931. Dabei sind hier mehr als die Hälfte der bekannten Wasser speichernden Pflanzenarten aus Nord-, Südamerika, Madagaskar, Afrika und der Schweiz zu finden. Ziemlich beeindruckend! Kein Wunder, ist dies doch eine der weltweit bedeutendsten Sukkulentensammlungen.

Die Pflanzen sind nach Ländern und klimatischen Orten gruppiert und mit zahlreichen Informationstafeln ausgeschildert. Ein Highlight ist dabei das Großpflanzenhaus, wo mehrere Meter hohe Sukkulenten beeindruckend in den Himmel ragen.

Wer noch tiefer in die Thematik eintauchen möchte, macht halt bei den Hörstationen, wo Naturforscher von ihren abenteuerlichen Reisen in unbekannte Lebensräume der Sukkulenten erzählen. Außerdem werden regelmäßig Führungen und Vorträge angeboten, an denen man teilnehmen kann. Nicht ver-

passen sollte man zudem auch den Außenbereich, wo auf 550 Quadratmetern unzählige weitere Sukkulenten in den heizbaren Frühbeetkästen wachsen.

Tipp: Wer zum Schluss noch nicht genug von den ganzen Sukkulenten hat, holt sich einfach eine kleine Erinnerung mit nach Hause. Denn es ist möglich, ausgewählte Pflanzen vor Ort zu kaufen.

Hin & weg: Ab Bahnhofquai Bus 162/165 bis Sukkulentensammlung. Gleich nebenan ist ein Parkplatz.

Dauer: 1–2 Std.

Beste Zeit: Ideal während der kalten Monate. Die Sammlung ist aber ganzjährig kostenlos zugänglich.

Ausrüstung: Unbedingt eine Fotokamera mitnehmen! Die Sammlung ist äußerst fotogen.

FAZIT: DIE SUKKULENTEN SIND DAS PERFEKTE SCHLECHTWETTERPROGRAMM.

GUTE WEINLAGE

... am Zürcher Sonnenhang in Höngg

Denkt man an Zürich, ist Wein wohl nicht das Erste, was einem in den Sinn kommt. Doch im Zürcher Kreis 10 befindet sich seit Jahrhunderten ein Weinanbaugebiet am Sonnenhang in Höngg. Eine schöne, einfache Wanderung führt dabei die Weinreben entlang.

#Herbstgeflüster #Weitsicht #aufderSonnenseite

Mit über 600 Hektar und rund 600 Winzern ist der Kanton Zürich ein bedeutendes Weinanbaugebiet.

Die herbstliche Weinwanderung beginnt beim Meierhofplatz mitten in Höngg, nur wenige Minuten von der Innenstadt entfernt. Von hier geht es leicht den Hügel hoch, und schon steht man vor dem Ortsmuseum Höngg, einem malerischen ehemaligen Rebbauernhaus aus dem Jahr 1506 (www.museum-hoengg.ch, sonntags geöffnet). Daneben liegt schon der erste Rebberg, der Rebberg zum Chranz.

Weiter geht's, durchs Gässli (die Straße heißt tatsächlich so) wieder hinunter in Richtung Meierhofplatz. Der Limmattalstrasse folgend, kommt man auf der rechten Seite beim denkmalgeschützten Gebäude Zum Weingarten vorbei. 1740 als Landhaus mit eigenem Rebgut errichtet, diente es Zürcher Bürgern damals als Sommerwohnhaus. Heute gehört es der Stadt Zürich.

Viel Farbenfreude gibt es auf der gemütlichen Herbstwanderung.

Chillesteig. Und dahinter über die Limmat, den Uetliberg und die Stadt Zürich.

Die kleine Promenade mit einigen Bänklein lädt zum Verweilen ein, bevor der Weg am Ende der Promenade schließlich aus dem Park führt. Weiter geht's, die Hohenklingenstrasse hinunter bis zum Rebberg an der Klinge. Bereits 1440 wurden hier Reben durch die Höngger Familie Zweifel angebaut. Bis heute sind die Zweifel-Weine sehr beliebt (www.zweifel1898.ch). Am Ende des Rebhanges befindet sich eine von mehreren Infotafeln, welche den Weinweg Höngg entlang aufgestellt sind. Hier erfährt man unter anderem, dass an diesem Rebhang Pinot noir (Clevner) sowie weitere interspezifische Sorten angebaut werden.

Der Bäulistrasse folgend, führt der Weg rechts ab bis zur Tobeleggstrasse, dann weiter durch ein friedliches Wohnquartier (Wohnviertel) bis zur reformierten Kirche Höngg. Beim Kirchhof hat man einen herrlichen Ausblick über den nächsten Rebberg des Weinweges, den

Nun geht es zurück, über die Limmattalstrasse und den Bombachsteig, auf die Imbisbühlstrasse, welche in die stark befahrene Frankentalstrasse mündet. Leicht bergauf führt der Weg bis zum Wein & Obsthaus Wegmann, wo man einen kurzen Halt einlegen sollte. Hier fin-

Ganz im Zeichen der Zürcher Weintrauben. Auf dem Weinweg Höngg lernen die Wanderer so einiges über den Weinanbau im Kreis 10.

det man frisches Obst und knackiges Gemüse direkt vom Feld und selbstverständlich Wein aus Höngg (www.obsthaus-wegmann.ch).

Weiter geht's, am prächtigen Rebberg Eggbüel vorbei, wo wie in allen Höngger Reblagen nach IP-Methode (Integrierte Produktion) umweltschonend und ohne Einsatz von Hilfsstoffen angebaut wird. Die wichtigsten Sorten hier sind Cabernet Sauvignon, Pinot noir, Merlot oder Gewürztraminer. Gleich dahinter verstecken sich zwei weitere schöne Rebberge, der Rebberg Frankental sowie Riedhof.

Hin & weg: Tram 13 oder Bus 38 zur Haltestelle Meierhofplatz. Von hier auch wieder zurück.

Dauer & Strecke: Die reine Wanderzeit beträgt rund 1 Std. 45 Min. Die Strecke ist 6,8 km lang.

Beste Zeit: Besonders schön um die Zeit der Weinlese im Herbst (September und Oktober), jedoch auch in den restlichen Monaten empfehlenswert. Auf Anfrage gibt es Weinführungen durch Höngg (www.weinweghoengg.ch).

Ausrüstung: Bequeme Schuhe und vielleicht eine Tasche, falls die ein oder andere Flasche Wein als Mitbringsel gekauft wird.

Allmählich führt der Weg zurück. Über den Ruggernweg spaziert man weiter in Richtung Quartierszentrum (Mitte des Viertels), welches man über die Regensdorferstrasse erreicht. Die Weinwanderung wird in der Zweifel 1898 Weinbeiz an der Regensdorferstrasse 20 beendet – mit einem Glas lokalen Weins.

FAZIT: GEMÜTLICHE WANDERUNG AUF DEN SPUREN DER STADTZÜRCHER WEINE, AM SONNENHANG VON ZÜRICH.

OCHSNER SPORT
Zürcher 
Wienachtsdorf
AREPAS

LICHTER-ZAUBER

 … auf den Zürcher Weihnachtsmärkten 

#21

In der Weihnachtszeit versprüht Zürich einen ganz besonderen Glanz, und mehrere Weihnachtsmärkte bringen selbst Weihnachtsmuffel in festliche Stimmung. Diese Tour führt zu Fuß zu drei der schönsten Märkte der Stadt und vorbei an der zauberhaften Weihnachtsbeleuchtung Lucy.

#Weihnachtsstimmung #Christkindlimarkt #HalloLucy

Weihnachtliche Beleuchtung, leckeres Essen, heiße Getränke, Christbäume und Stände, die einen mit ihrem Angebot zu tollen Geschenkideen inspirieren – das macht einen Weihnachtsmarkt aus.

Schon beim Verlassen des Zuges am Hauptbahnhof Zürich locken der Zimt- und Glühweinduft in die große Bahnhofshalle. Dort ist bereits von Weitem der 15 Meter hohe, funkelnde Weihnachtsbaum zu sehen, der mit mehreren Tausend Kristallen geschmückt ist. Dies ist der Beginn einer zauberhaften Weihnachtstour, quer durch Zürichs Stadtzentrum.

Der Christkindlimarkt am Hauptbahnhof ist der sowohl zentralste Weihnachtsmarkt der Stadt als auch der größte überdachte Weihnachtsmarkt Europas (www.christkindlimarkt.ch). Ein wunderschöner Markt, auf dem man neben vielen Geschenkideen auch unzählige Schlemmereien aus der ganzen Welt findet.

Nach einer ausgedehnten Tour über den Christkindlimarkt geht es nur wenige Meter weiter bis zur Bahnhofstrasse. Schon von Weitem verzaubert Lucy hier selbst größte Weihnachsmuffel. Denn die schönste Weihnachtsbeleuchtung der Stadt, welche die ganze Bahnhofstrasse entlangführt, bringt einen ganz besonderen Glanz auf die geschäftige Einkaufsmeile.

Die Bahnhofstrasse hinunter geht es bis zur großen Kreuzung, von da nach links die Uraniastrasse entlang und schließlich über die Rudolf-Brun-Brücke. Schon hat man die pittoreske Altstadt, das Zürcher Niederdorf, erreicht. Hier befindet sich der Weihnachtsmarkt Dörfli, der älteste weihnachtliche Markt von Zürich (www.weihnachtsmarkt-doerfli.ch). Ein eigener kleiner Kosmos mit unzähligen Marktständen, welche die autofreie Niederdorfstrasse entlangführen. In der pittoresken Altstadt entsteht ein ganz besonderes Flair.

In der Bahnhofshalle sorgt der märchenhafte Weihnachtsbaum für Weihnachtsgefühle pur.

Nach insgesamt rund 1,3 Kilometern erreicht man das Bellevue und steht vor den Toren des modernsten und vielleicht schönsten Weihnachtsmarktes der Stadt: dem Wienachtsdorf (www.wienachtsdorf.ch)! Rund 100 wunderschön dekorierte Marktstände bilden ein gemütliches Weihnachtsdorf – mitten auf dem Sechseläutenplatz vor der spektakulären Kulisse des Opernhauses.

Neben einem bunten kulinarischen Angebot und einer urchigen Fonduestube entdeckt man im Wienachtsdorf zahlreiche ausgewählte Fundstücke lokaler Designer. Nach einer Stärkung, einem wärmenden Punsch und einer ausgedehnten Tour an den Marktständen entlang, geht es zum Schluss zur kleinen, aber feinen Eisbahn. Gibt es einen gelungeneren Abschluss für eine Weihnachtsmarkttour als eine Runde auf dem glitzernden Eis?

FAZIT: EINE WUNDERSCHÖNE WEIHNACHTLICHE TOUR DURCH DIE STADT ZÜRICH. DA BEKOMMEN SELBST WEIHNACHTSMUFFEL GLÄNZENDE AUGEN.

Hin & weg: Von Zürich Hauptbahnhof erreicht man die Weihnachtsmärkte bequem zu Fuß.

Dauer & Strecke: 1–4 Std. bzw. solange das Herz begehrt und die Füße nicht allzu kalt werden. Die Tour ist 2,2 km lang.

Beste Zeit: Ende November–Weihnachten (Öffnungszeiten auf den jeweiligen Internetseiten beachten).

Ausrüstung: Warme Jacke, Handschuhe und ganz viel Weihnachtsstimmung.

2. KAPITEL AUSFLÜGE

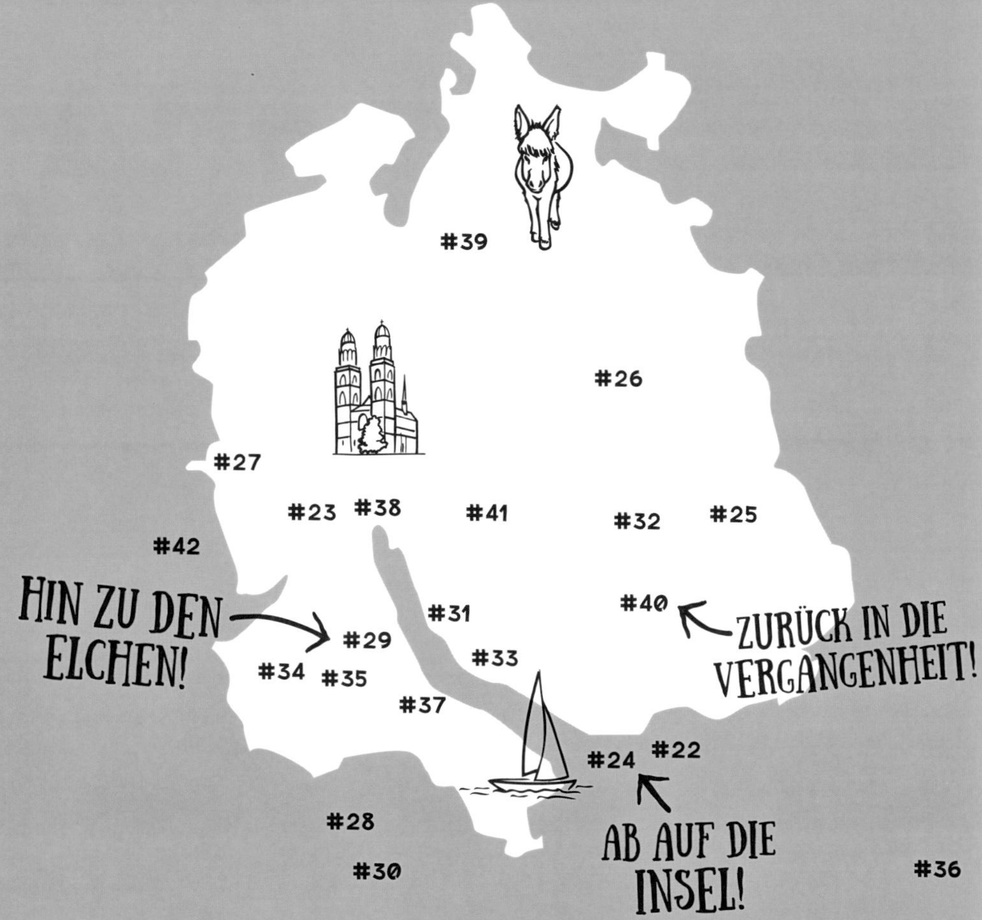

Raus für einen Tag

Sich wie am Meer fühlen, wunderbare Aussichten genießen, einen mysteriösen Steinkreis oder einen bunten Park besuchen – für jede Laune ist ein Tagesausflug dabei.

12H

#22 ... am Zürichsee Seite 96
#23 ... auf Zürichs Hausberg Uetliberg Seite 100
#24 ... auf die Insel Ufenau Seite 104
#25 ... aufs Hörnli im Zürcher Oberland Seite 108
#26 ... vom Tösstal über Kyburg bis Winterthur Seite 112
#27 ... im Bruno Weber Park in Dietikon Seite 116
#28 ... im Kanton Zug Seite 120
#29 ... im Wildnispark Zürich Langenberg Seite 124
#30 ... auf dem Zugerberg Seite 128
#31 ... im Erlenbacher und Küsnachter Tobel Seite 132
#32 ... am Pfäffikersee Seite 136
#33 ... über den Pfannenstiel bis Meilen Seite 140
#34 ... in Affoltern am Albis im Säuliamt Seite 144
#35 ... am Türlersee im Säuliamt Seite 148
#36 ... am Walensee Seite 152
#37 ... von Horgen nach Wädenswil Seite 156
#38 ... einmal um den Zürichsee Seite 160
#39 ... über den Irchel zur Tössegg Seite 164
#40 ... von Wetzikon nach Bäretswil Seite 168
#41 ... über den Adlisberg Seite 172
#42 ... an der Reuss bis Bremgarten Seite 176

WIE IM URLAUB

... mediterranes Flair am Zürichsee

Rapperswil versprüht mediterranes Flair wie kein anderer Ort um Zürich. Eine herrliche Seepromenade, verwinkelte Gässchen, ein Schloss mit Blick über den Zürichsee, kleine Boutiquen und ein einzigartiger Weg über den See. Die kleine Rosenstadt ist so richtig fein!

#Rappi #Städtetripp #Dolcefarniente

Die Seepromenade lädt nicht nur zum Flanieren ein. Hier kann man sich auch niederlassen und gut unterhalten.

Rapperswil liegt ja eigentlich im Kanton St. Gallen, auch wenn manch Zürcher diesen Fakt gekonnt ignoriert. Rapperswil ist eine richtige kleine Perle und eine der schönsten Städte (faktisch: Gemeinde Rapperswil-Jona) am Zürichsee! Rapperswil ist zwar klein und übersichtlich, trotzdem gibt es hier alles, was das Herz begehrt. Anschluss an den Zürichsee, das Schloss Rapperswil, tolle Cafés und Restaurants, eine schöne Seepromenade, Einkaufsmöglichkeiten und einen einzigartigen Spazierweg über den See. Wenn das nicht nach einem gelungenen Tagesausflug klingt!

Am besten startet man mit einem gemütlichen Frühstück in der Altstadt. Dafür geht man zum Beispiel ins Café good an der Marktgasse 11. In dem kleinen Café gibt es feines Frühstück, aber auch jeden Tag frisch gebackene Kuchen, Cookies und Waffeln.

Gestärkt vom Frühstück, geht es weiter den Hügel hoch. Schon aus der Ferne ist es unmöglich zu übersehen: das Schloss Rapperswil! Dieses thront auf einem felsigen Vorsprung im Zürichsee und ist auf drei Seiten von Wasser umgeben. Der perfekte Aussichtspunkt, wo man gut und gern eine Stunde verweilen kann, um die Aussicht über den See und das Schloss zu bestaunen. Die Chancen stehen hier übrigens gut, dass man auf ein Hochzeitspaar trifft. Denn das Schloss ist ein sehr beliebter Ort fürs Heiraten!

Weiter geht's! In wenigen Schritten ist man entweder in einem der drei wunderschönen Rosengärten (Rapperswil wird auch die Rosenstadt genannt) oder zurück an der Uferpromenade, wo zahlreiche Schwäne und Enten neugierig ihre Köpfe in die Luft strecken.

In Rappi, wie die Einheimischen den Ort nennen, nimmt man es gemütlich. Am besten schnappt man sich nach einem Spaziergang an der Promenade eine der vielen Sitzmöglichkeiten oder setzt sich ans Ufer. Ganz nach dem Motto: Dolcefarniente.

Macht sich langsam wieder ein Hungergefühl bemerkbar, findet man in der Nähe viele Restaurants mit Blick auf den See. Feine Schlemmereien gibt es auch im Restaurant Kaffee Klatsch am Hauptplatz.

Das Highlight kommt aber noch: ein Spaziergang über die 841 Meter lange Holzbrücke Rapperswil-Hurden! Die hölzerne Brücke verbindet Rapperswil mit Hurden, und erste prähistorische Pfahlreste der Brücke gehen bis auf das Jahr 1358 zurück. Beeindruckend, oder?

Übers Wasser gehen: In Rapperswil ist das dank der langen Holzbrücke möglich. Die historische Seebrücke ist Bestandteil des UNESCO-Welterbes »Seeufersiedlungen des Alpenraumes«.

Es ist ein tolles Erlebnis, auf dieser Brücke zu laufen, denn man bewegt sich mitten auf dem See. Der perfekte Ausklang für einen wunderbaren Tag am Zürichsee.

FAZIT: LA DOLCE VITA ZWISCHEN ALTEN SCHLOSSMAUERN AM ZÜRICHSEE!

Hin & weg: Von Zürich Hauptbahnhof ist man in 37 Min. mit der S5 oder S15 in Rapperswil. Großer Parkplatz am Bahnhof.

Dauer: Im Prinzip kann man den ganzen Tag in Rapperswil verbringen, vom Frühstück bis zum Abendessen. Es gibt viele tolle Ecken zu entdecken!

Beste Zeit: Ganzjährig, von Mai-Oktober ist ein Besuch aber besonders schön, da dann die Rosen in den Rosengärten blühen.

Ausrüstung: Sonnenbrille und ganz viel gute Laune.

GIPFEL-STÜRMER

... auf Zürichs Hausberg Uetliberg

#23

Wo findet man die beeindruckendste Aussicht über Zürich? Auf dem Uetliberg! Doch nicht nur Zürichs Hausberg ist einen Ausflug wert, auch die Albiskette hat viel zu bieten. Auf dieser abwechslungsreichen Wanderung erfährt man zudem einiges zum Planetensystem.

#Planetenwanderung #tolleAussichten #Hausberg

Der Gipfel des Uetlibergs, der Uto Kulm, liegt auf 871 Metern und bietet eine grandiose Aussicht.

→ AUSFLÜGE ...

Den Fernseh- und Aussichtsturm auf dem Zipfel des Uetlibergs sieht man von fast überall in der Stadt. Der 813 Meter hohe Berg ist des Zürchers ganzer Stolz! Doch während viele bequem und schnell mit der Uetlibergbahn hochfahren, ist es doch viel schöner, sich die tollen Ausblicke erst zu verdienen. Zeit also, Zürichs Hausberg zu Fuß zu erklimmen!

Die Wanderung beginnt am Stadtrand von Zürich, an der Haltestelle Triemli. Nur wenige Meter trennen die Betonstraßen der Stadt vom dichten grünen Wald. Nun geht es den Wanderweg entlang immerfort den Hügel hoch. Nach knapp einer Stunde kommt man am imposanten Fernsehturm vorbei, und wenige Schritte weiter beginnt auch schon der

Planetenweg. Ein Wanderweg mit zahlreichen Planetenmodellen im Maßstab 1:1 Milliarde. Dieser zieht sich bis zur Luftseilbahn Adliswil-Felsenegg und macht die Wanderung nicht nur schön, sondern auch lehrreich!

Wenn die Aussicht immer bezaubernder wird, weiß man, dass man bald beim Aussichtsturm Uetliberg angekommen ist. Definitiv eines der Highlights der Wanderung. Und natürlich geht es gleich hoch auf den 72 Meter hohen Stahlfachwerkturm! Damit befindet man sich übrigens geografisch gesehen in der Gemeinde Stallikon.

Zwar hat man schon von unten eine herrliche Aussicht, aber von der Spitze des Mini-Eiffelturms aus schlägt die Rundumsicht über das Häusermeer der Stadt, den glitzernden Zürichsee, die Albiskette und mit etwas Glück die Alpen noch mal alles! Definitiv die beeindruckendste Aussicht von ganz Zürich.

Nachdem dieses Panorama ausgiebig bestaunt wurde, geht es immer den Wanderweg entlang

---

Hin & weg: Mit Tram 14 von Zürich Hauptbahnhof bis Triemli. Zurück mit Bus 240 ab Langnau a. A., Albispasshöhe bis Thalwil Bahnhof und weiter mit der S2 bis Zürich Hauptbahnhof.

Dauer & Strecke: 6–8 Std. Die reine Wanderzeit beträgt 4 Std. Die Strecke ist 13,6 km lang. Die Wanderroute kann man abkürzen, indem man nur bis Felsenegg geht oder erst auf dem Uetliberg startet.

Beste Zeit: Ganzjährig. Die Wanderung ist auch bei Schnee möglich.

Ausrüstung: Feste Schuhe, genug zu trinken, evtl. eine Fotokamera.

Seitenwechsel: Nicht nur die Sicht über Zürich ist schön, auch der Ausblick über Stallikon, Bonstetten und Wettswil auf der anderen Seite ist malerisch.

bis zum Bergrestaurant Uto Staffel (www.uto-staffel.ch). Hier, in Zürichs höchstgelegenem Restaurant (780 m), gibt es eine Stärkung bei traumhafter 360-Grad-Aussicht.

Im gemütlichen Auf und Ab ist nach weiteren rund 1,5 Stunden die Felsenegg erreicht, wo eine Seilbahn hinunter nach Adliswil führt. Doch es wird nicht abgekürzt! Es geht weiter bis zur Buchenegg, am verspielten Restaurant Chnusper-Hüsli vorbei, bis schließlich die Albispasshöhe in Langnau am Albis erreicht ist.

FAZIT: DIESE EINFACHE, ABER TOLLE WANDERUNG ÜBER ZÜRICHS HAUSBERG UETLIBERG IST (NICHT NUR) FÜR GIPFELSTÜRMER GEEIGNET.

AB AUF DIE INSEL!

... mit dem Schiff auf die Insel Ufenau

#24

Der Zürichsee ist vor allem im Sommer einer der schönsten Orte im Kanton. Und wie kann man diesen besser erleben als vom Schiff aus? Dieser Ausflug bietet mehrere Highlights: die große Schiffsrundfahrt, die Insel Ufenau und den wunderschönen Sonnenuntergang über dem Zürichsee.

#abaufsSchiff #Zürisee #Inseltraum #Sonnenuntergangsliebe

Auf diesem Tagesausflug hat alles seinen Reiz: der Tag auf der Insel genauso wie die Sonnenuntergangsfahrt auf dem Zürichsee.

Schiff fahren ist langweilig? Ach was! Eine Schifffahrt macht glücklich und fühlt sich so richtig nach Freiheit und Ferien an. Ganz besonders, wenn sie so herrlich ist wie diejenige auf dem Zürichsee. Wenn dann noch die Sonne untergeht und die Welt in die kitschigsten Farben taucht, kann es einem nur warm ums Herz werden. Versprochen.

Am besten macht man die große Zürichsee-Rundfahrt bis ans andere Ende des Sees. Von Zürich fährt man dabei über die Kantonsgrenze hinaus bis in den Kanton Schwyz. Hier befindet sich in der Gemeinde Freienbach eine kleine Perle: die Insel Ufenau.

Am besten plant man genügend Zeit für den Ausflug ein. Denn wenn man die ganze Rundfahrt von und bis Zürich macht, dauert die Schifffahrt allein schon insgesamt fast vier Stunden. Doch diese vergehen wie im Flug.

Aber von vorn. Die Fahrt startet am Bürkliplatz, mitten in der Stadt Zürich. Es geht die Seepromenade entlang, vorbei an kleinen Dörfern und mehrmals quer über den Zürisee.

Hin & weg: Mit dem Schiff geht es z. B. von Zürich Bürkliplatz mit der großen Schifffahrt auf die Insel (Fahrplan: www.zsg.ch).

Dauer: Rund 7 Std. Die große Schifffahrt allein dauert etwa 4 Std. Man sollte unbedingt genügend Zeit auf der Insel Ufenau einplanen.

Beste Zeit: In den wärmeren Monaten, von Mai–Oktober. Das Restaurant auf der Insel ist nur in diesem Zeitraum geöffnet (www.inselufenau.ch).

Ausrüstung: Kamera, Sonnenbrille und Sonnencreme nicht vergessen!

Sonnenuntergänge haben immer einen ganz besonderen Zauber.

Wer nicht nur mit dem Schiff fahren möchte, sollte unbedingt einen Halt auf der Insel Ufenau einplanen. Die größte Insel der Schweiz ist ein Traum! Auch wenn sie unter ihresgleichen in der Schweiz die größte ist, ist sie doch ziemlich winzig. Mit 470 Metern in der Länge und 200 Metern in der Breite hat man diese relativ schnell bei einem schönen Spaziergang umrundet. Ein Spaziergang, auf dem man übrigens zahlreichen Kühen begegnet, welche jede Saison mit einem kleinen Schiff auf die Insel gebracht werden! Man munkelt, dass sie hier die schönsten Weiden der Schweiz abgrasen dürfen ...

Hungrige und Durstige finden mitten auf der Insel das Restaurant Haus zu den zwei Raben, wo man unter den Bäumen essen und den Blick über die Insel schweifen lassen kann. Übrigens: Das Restaurant ist bekannt für den Roséwein, welcher aus den Trauben der Insel hergestellt wird, sowie für die lokalen Fischknusperli aus dem Zürichsee! Nach ein paar gemütlichen Stunden im Grünen geht es zurück an den Schiffssteg.

Tipp: Bei gutem Wetter sollte man unbedingt die Sonnenuntergangsfahrt zurück nach Zürich machen. Hat man Glück mit dem Wetter, ist dies das absolute Highlight des Ausflugs. Denn es gibt kaum einen schöneren Ort, um den Sonnenuntergang in Zürich zu bestaunen.

FAZIT: SCHIFFFAHRT, INSEL UFENAU UND SONNENUNTERGANG ÜBER DEM ZÜRICHSEE. HIER JAGT EIN HIGHLIGHT DAS NÄCHSTE.

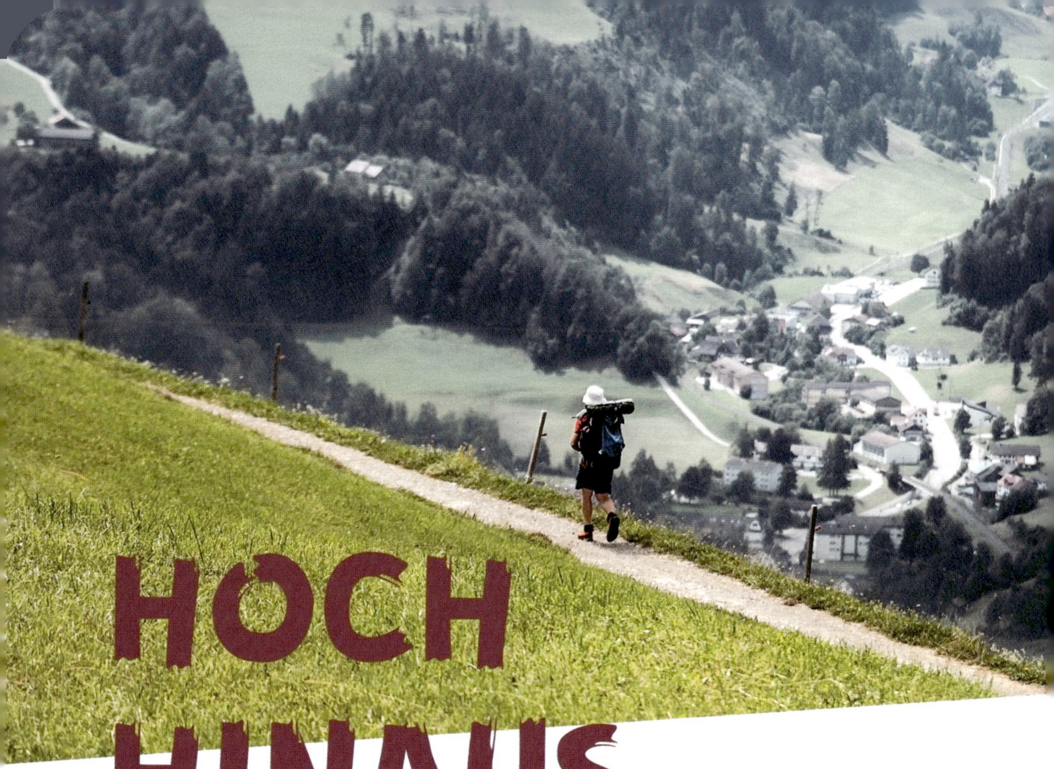

HOCH HINAUS

... aufs Hörnli im Zürcher Oberland

#25

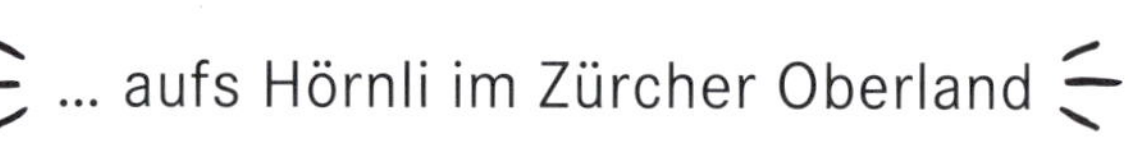

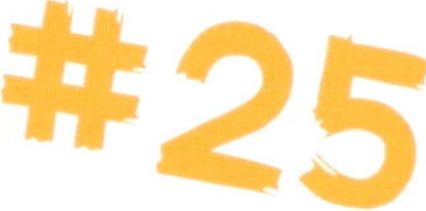

Eine fünfstündige, wunderschöne Wanderung von Steg bis Bauma. Vom Hörnli im Zürcher Oberland hat man eine tolle Sicht über die idyllische, hügelige Landschaft des Tösstals und mit etwas Wetterglück weiter in die Alpen und bis zum Säntis. Eine Bilderbuchlandschaft!

#sOberlandischschön #durchdenWald #Wanderntutgut

»Ja, s'Oberland isch schön!«
Auf dem Hörnli angekommen, heißt es erst mal die Aussicht genießen.

Die Wanderung startet beim Bahnhof Steg im Tösstal. Beim Wegweiser, welcher unzählige Routen vorschlägt, sieht man schon, dass die Region ums Hörnli im Zürcher Oberland so einiges für Wanderfreunde zu bieten hat. Heute geht es aber einmal quer durch den Wald, hoch auf die Spitze des Hörnli.

Der Weg verläuft stets den beschilderten Wanderweg entlang, immerfort den Berg hinauf. Nach kurzer Zeit hat man bereits einen schönen Blick über die idyllische Landschaft des Zürcher Oberlands.

Nach rund 50 Minuten Fußmarsch erreicht man beim Tanzplatz einen abgelegenen, hübschen Bauernhof, wo sich im bunt bemalten Container ein Hofladen befindet. Zeit für einen kleine Zwischenhalt, bevor es weiter den Berg hochgeht!

Nach 1,5 Stunden ist es geschafft: Das 1113 Meter hohe Hörnli ist erklommen! Als Erstes wird die Aussicht bestaunt und beim Fernmeldeturm eine kleine Rast eingelegt. Je nachdem, wie klar die Sicht ist, hat man von hier aus einen atemberaubenden Ausblick über das Tösstal bis weit in die Alpen!

Danach geht es für ein wohlverdientes Mittagessen in das Berggasthaus Hörnli (www.berggasthaus-hoernli.ch). Bei Älplermagronen und einem Rivella lassen sich die Energiereserven perfekt wieder auftanken. Übrigens, der Aussichtsberg Hörnli ist gleichzeitig auch Etappenziel der Jakobspilger, dem Pilgerweg, der von Deutschland nach Santiago de Compostela die Schweiz durchkreuzt!

Nach der Mittagspause geht es auf der anderen Seite steil den Berg hinunter in Richtung Sternenberg. Rund eine Stunde dauert der Abstieg bis zum Restaurant Gfell im malerischen Dörfchen Sternenberg. Nur rund 360 Einwohner leben hier. Mitten in einer Landschaft, die wie aus dem Bilderbuch entsprungen ist.

Von Sternenberg geht es weiter, am Schatzböl vorbei, immer weiter den Weg hinunter, in Richtung Mattschür und schließlich nach Manzenhub, einem Weiler im südöstlichen Teil der Gemeinde Wila.

Der letzte, jedoch nur kleine Anstieg naht. Er führt beim Weiler Chämmerli und östlich am Ramselspitz vorbei und über den Rüeggenbach. Schließlich geht es zum letzten Ziel der Wanderung, hinunter zur Ruine Alt Landenberg. Von da ist es nur noch rund einen Kilometer bis zum Bahnhof Bauma und somit zum Ende einer wunderschönen Wanderung im Zürcher Oberland.

Älplermagronen, bestehend aus Nudeln, Kartoffeln, Rahm, Käse und Zwiebeln, sind ein Nationalgericht in der Schweiz. Im Berggasthaus Hörnli steht dieses urchige Essen auf der Karte.

FAZIT: INTENSIVE UND GLEICHZEITIG IDYLLISCHE WANDERUNG IM ZÜRCHER OBERLAND, MIT HERRLICHEN AUSSICHTEN ÜBER DAS TÖSSTAL.

Hin & weg: Mit der S12 von Zürich bis Winterthur (22 Min.). Von dort mit der S26 weiter bis Steg im Tösstal (41 Min.). Zurück geht es von Bauma mit Bus 850 bis Wetzikon (23 Min.) und von da mit der S5 bis Zürich (20 Min.). Parkplätze am Bahnhof Steg.

Dauer & Strecke: 5 Std. reine Wanderzeit von Steg übers Hörnli nach Bauma. Die Strecke ist 15 km lang. Die Wanderung ist auch umgekehrt möglich. Eine kürzere Tour führt von Steg aufs Hörnli und wieder zurück nach Steg (2,5 Std.).

Beste Zeit: Von Frühling-Herbst zum Wandern und im Winter zum Schlitteln (Strecke Hörnli-Steg).

Ausrüstung: Feste Schuhe, etwas Proviant, genug zu trinken.

SCHLOSS-UND WALD-GEFLÜSTER

#26

Ein 800 Jahre altes Schloss, ein Dorf wie aus dem Bilderbuch und ein Waldlehrpfad mit allerhand Wissenswertem. Die Wanderung von Kollbrunn über Kyburg bis nach Winterthur ist definitiv nicht langweilig! Als wäre das nicht schon genug, gibt es noch traumhafte Ausblicke über die Alpen obendrauf.

#Burgfräulein #Waldliebe #wunderbareNatur #wandernundlernen

Wenn die Rapsfelder blühen, herrscht um die Kyburg herum eine wahre gelbe Farbenpracht. Der intensive Gelbton lässt alles hell erstrahlen.

Am Bahnhof Kollbrunn im Tösstal startet die Wanderung, welche in etwas mehr als drei Stunden reiner Wanderzeit bis nach Winterthur führen wird. Bevor ein kurzer Aufstieg nach Brünegg beginnt, geht es einmal quer über die Töss – das Herzstück des Tösstals. Weiter führt der Weg leicht den Hügel hoch, an gelb leuchtenden Rapsfeldern vorbei, bis man schließlich das Plateau der Gemeinde Kyburg erreicht. Schon von Weitem ersichtlich, thront hier auch das gleichnamige Schloss.

Das Dörfchen Kyburg ist mit den traditionellen Riegelhäusern, Straßen aus Kopfsteinpflaster und der hübschen, kleinen Kapelle eine richtige Perle. Nach einem Rundgang durch das malerische Dorf und einer Pause im Landgasthof Hirschen (www.hirschen-kyburg.ch) geht es weiter bis zum Schloss Kyburg. Denn ein Besuch hier ist Pflicht!

Das rund 800 Jahre alte Schloss Kyburg ist idyllisch auf dem Hügel gelegen, hoch über dem Fluss Töss. Vor dem Schloss liegt ein gepflegter, kleiner Schlossgarten. Nach einer kleinen Runde durch den Garten geht es in den Innenhof des Schlosses. Entweder man bestaunt die altehrwürdigen Mauern nur von außen oder man kauft sich ein Ticket und besucht die Ausstellungen im Innern der Schlossmauern. Hier lernt man allerhand Spannendes über das Leben der Herrscher, welche einst von der Kyburg aus ihre Macht ausübten.

Nach etwas Weiterbildung in Geschichte geht es auch schon weiter aus dem Schloss hinaus und gleich links in den Wald hinein zum Waldlehrpfad. Er ist mit einem großen Schild über den ersten Treppenstufen gekennzeichnet. Von hier führt der Weg steil den treppenreichen Weg hinunter. Auf dem Waldlehrpfad gibt

Nicht nur die Burg, sondern auch das traditionelle Dörfchen Kyburg ist sehr pittoresk.

es immer wieder Schilder am Wegrand, wo man allerlei über die hier wachsenden Bäume erfährt. Richtig spannend!

Am Ende des Pfades stößt man erneut auf die Töss. Jenseits des Flusses führt der Weg wieder den Hügel hoch, und etwas weiter erreicht man den 30 Meter hohen Eschenberger Aussichtsturm auf dem höchsten Punkt des Eschenbergs (591 Meter ü. d. M.). Von einem der ältesten Stahlfachwerktürme der Schweiz genießt man eine wunderbare Sicht über den Tödi, die Berner Alpen und mit etwas Glück auch auf den Säntis.

Nun beginnt schon der letzte Abstieg der Wanderung. Dieser führt direkt in die zweitgrößte Stadt im Kanton Zürich: Winterthur, gelegen am Ausgang des Tösstals. Winterthurs Altstadt ist wunderschön. Bevor es wieder auf den Heimweg geht, lohnt es sich, noch etwas die Marktgasse entlangzuflanieren und sich beim Neumarkt einen Kaffee zu gönnen. Ein wohlverdienter Abschluss einer wunderschönen Wanderung.

Hin & weg: Mit der S1 von Zürich nach Kollbrunn (37 Min.). Von Winterthur aus fahren zahlreiche Züge wieder zurück nach Zürich (24 Min.).

Dauer & Strecke: 6–7 Std. inkl. Schlossbesuch und Einkehr. Die reine Wanderzeit von Kollbrunn–Winterthur beträgt rund 3 Std. Die Strecke ist 12 km lang.

Beste Zeit: Von März–November. Besonders schön im Frühling, wenn die Rapsfelder rund um Kyburg blühen. Infos zum Schloss unter www.schlosskyburg.ch

Ausrüstung: Bequeme Schuhe, Fotoapparat, etwas Proviant.

FAZIT: SCHLOSSHISTORIE, WALDLEHRPFAD, BLÜHENDE RAPSFELDER UND ALTSTADT – EINE WANDERUNG FÜR ALLE SINNE!

KUNST ZUM ANFASSEN

… im Bruno Weber Park in Dietikon

#27

Fabeltiere, zauberhafte Wesen und bizarre Tempelbogen. Nicht weit von Zürich entfernt, findet man ganz überraschend das fantastische Reich und die Kunstwerke von Bruno Weber. Ein Ort, welcher zum Staunen, Träumen und Schmunzeln einlädt, wie es kaum ein anderer Park der Schweiz vermag.

#Fabelwelt #wennMärchenwahrwerden #ParkderanderenArt

Das Wohngebäude mit Garten ist im Privatbesitz von Bruno Webers Familie. Doch auch von außen gibt's hier viel zu entdecken.

Der ganz besondere Tagesausflug beginnt beim Hauptbahnhof Zürich. Denn ein Besuch des Bruno Weber Parks lässt sich gut mit einer gemütlichen Velotour entlang der Limmat verbinden. Bis auf das letzte kleine Stück führt der Weg geradeaus, immerfort den Fluss entlang. Raus aus der Stadt, hinein ins Grüne.

So strampelt man gemütlich die Limmat entlang bis nach Dietikon. Von hier geht es einmal quer durchs Städtchen. Das letzte kurze Stück führt schließlich an hübschen Schrebergärten vorbei, steil den Berg hoch. In rund einer Stunde hat man es geschafft. Das Eingangstor des Bruno Weber Parks bringt seine Besucher gleich zum ersten Mal zum Staunen!

Bereits von Weitem ist zu erkennen, dass sich hier etwas ganz Besonderes verbirgt. Es handelt sich um die in der gesamten Schweiz größte Skulpturenparkschöpfung eines einzelnen Künstlers, nämlich von Bruno Weber. Im ersten Moment erinnern die farbenfrohen, verspielten Kunstwerke fast ein wenig an Gaudís Werke, welche man in Barcelona zahlreich findet. Auf den zweiten Blick sind Bruno Webers Skulpturen aber ganz klar etwas Einzigartiges. Der eintrittspflichtige, 15 000 Quadratmeter große Park ist ein fabelhafter Ort, welchen auch viele Züricher noch nicht kennen. Wie schade!

Bruno Weber (1931–2011) war Kunstmaler, Bildhauer, Architekt, Grafiker, Maurer und Baumeister zugleich und verstand sich selbst als ein Gesamtkunstwerk. Dank zahlreicher Talente konnte er diese fabelhafte Welt als sein Lebenswerk kreieren. Er begann bereits im Jahr 1962 mit der Arbeit an diesem Reich der Fantasie. Heute kümmert sich glücklicherweise eine Stiftung um dessen Erhaltung und Weiterentwicklung.

Das Schöne: Die Kunst hier ist zum Anfassen. Die verschlungenen, mysteriösen Alleen und Tore kann man fast alle durchschreiten, manchmal sogar auf sie hinaufsteigen, und überall sind lauschige Plätze zum Verweilen und Staunen zu finden.

Ein Highlight des Parks ist der Wassergarten mit den Drachenhunden. Die Großplastiken sind begehbar und bieten nochmals eine ganz andere Perspektive über diesen einzigartigen Ort. Von da geht es weiter in den Waldgarten, wo man zahlreiche überraschende und

Bizarr, märchenhaft, farbenfroh und einzigartig – Besucher tauchen in eine Fabelwelt ab und kommen garantiert ins Staunen.

mysteriöse Kunstwerke entdeckt. Bis der Weg schließlich am farbenfrohen Delfinbrunnen vorbei zum Hausweiher mit der riesigen Schlangenskulptur führt.

FAZIT: EINE MÄRCHENHAFTE WELT VOLLER FABELWESEN UND BIZARRER SKULPTUREN.

Hin & weg: Mit dem Fahrrad sind es 14,8 km von Zürich Hauptbahnhof bis zum Park. Anreise mit dem ÖV: S12 nach Dietikon, dann mit Bus 325 bis Weinberg. Von da sind es 550 m zu Fuß zum Park. Parkplätze bei der Stadthalle Ost.

Dauer & Strecke: Die Hin- und Rückfahrt mit dem Rad dauert 2 Std. Die Strecke ist pro Weg 15 km lang. Im Park kann man ewig verweilen, mind. 2 Std. sollte man einplanen.

Beste Zeit: Der Park ist von April–Oktober an drei Tagen in der Woche geöffnet (www.brunoweberpark.ch).

Ausrüstung: Fahrrad, bequeme Kleidung und unbedingt eine Kamera.

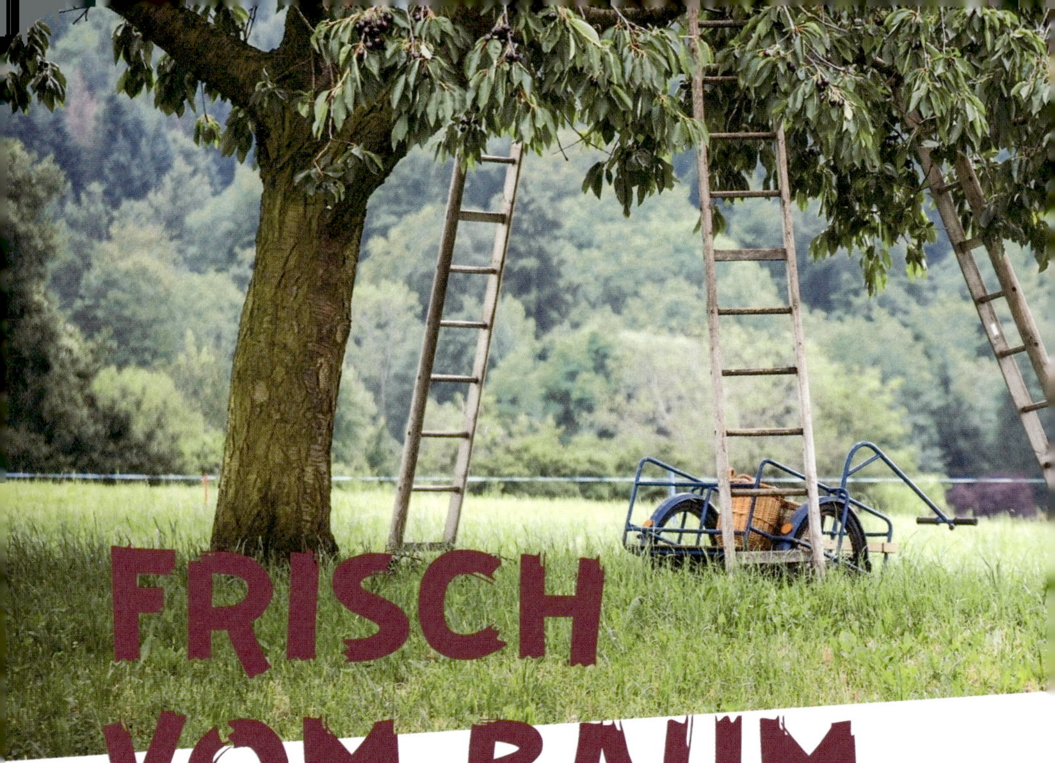

FRISCH VOM BAUM

... im Chriesi-Kanton Zug

#28

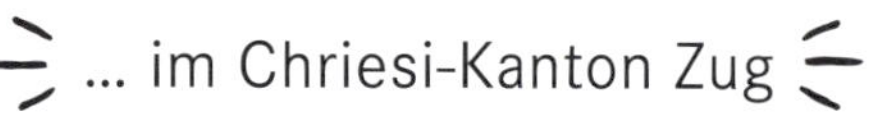

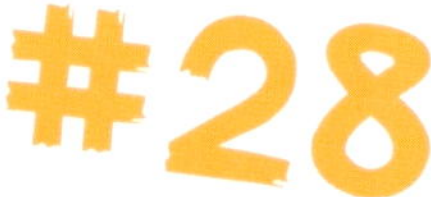

Spricht man von Kirschen, denkt man in der Schweiz schnell auch an den Kanton Zug. Denn im Chriesi-Kanton wachsen die kleinen, roten Früchtchen besonders gut. Zeit, Zug in der Kirschsaison zu besuchen und eine große Portion Chriesi, frisch vom Baum, mit nach Hause zu nehmen.

#mitdemZugnachZug #Zugersee #Chriesiland #Biohof

Im Kanton Zug wachsen die besten Kirschen in der Schweiz.

Vom Bahnhof Zug im gleichnamigen Kanton geht es gleich los, quer durch die malerische Stadt, einmal die Bahnhofstrasse hinunter und von da weiter den Hügel hoch. Der Weg führt an der imposanten Kirche St. Michael vorbei, und schon befindet man sich mitten in einer idyllischen Wohngegend.

Von hier führt der Weg weiter leicht bergauf, bis dieser schließlich auf der rechten Seite abzweigt. Den Oberwiler Kirchweg entlang geht es bis zur Hofstrasse. Und immer weiter, bis die Straße schmaler und schmaler wird und schließlich in einen kleinen Weg, den Bröchliweg, mündet.

Was für ein Anblick! Kaum in den Bröchliweg abgebogen, hat man auf der rechten Seite einen wunderbaren Ausblick auf den Zugersee. Allgemein gilt die Region um den Zugersee als besonders schön. Hier bekommt man einen guten Eindruck, weshalb.

Es geht nicht lange, und schon stehen am Wegrand die ersten Kirschbäume. Davon gibt es jede Menge im Chriesi-Kanton Zug! Wenn

Auf dem Biohof Zug gibt es frisch gepflückte Chriesi und anschließend in Zug ein Stück leckere Zuger Kirschtorte.

auf der rechten Seite das Schild Biohof Zug auftaucht, weiß man, dass der Bauernhof im Bröchli nicht mehr weit ist.

Ein Halt beim Biohof Zug (www.biohofzug.ch) ist Pflicht. Denn hier kann man in der Saison Kirschen frisch vom Baum kaufen oder im kleinen Hofladen die ein oder andere Leckerei aus der Region erstehen. Übrigens, man munkelt, dass hier in Oberwil klimabedingt die besten Kirschen wachsen! Es lohnt sich also, zuzuschlagen. Zudem gibt es auf dem hübschen Bauernhof auch ein kleines Café.

Nach einer kurzen Pause auf dem Hof geht es schließlich wieder zurück. Dieses Mal auf dem etwas höher gelegenen Gimenenweg in Richtung Meisenberg, von wo aus man ebenfalls einen herrlichen Ausblick über das Zugerland genießt. Natürlich immer wieder mit Kirschbäumen am Wegrand.

Zurück im Zentrum von Zug, führt der Weg dieses Mal durch die malerische Altstadt, vorbei an historischen Gebäuden, bis zur Promenade

---

Hin & weg: Von Zürich Hauptbahnhof ist man mit dem IR70 in 23 Min. in Zug. In der Innenstadt gibt es mehrere Parkhäuser.

Dauer & Strecke: Einen ganzen Tag. Die Chriesi-Wanderung dauert rund 2 Std., Strecke: 7,1 km, Aufstieg: 161 m, Abstieg: 159 m. Man sollte genug Zeit einplanen für den Biohof Zug sowie die malerische Zuger Altstadt.

Beste Zeit: Ende Juni/Anfang Juli, wenn die Kirschen geerntet werden, oder im Frühling, während der Kirschblüte.

Ausrüstung: Nichts muss, alles kann.

Der Blick über das Zugerland und den Zugersee ist auch an trüben Tagen wunderschön.

am Zugersee. Eine Runde mit dem Pedalo auf dem See, flanieren durch die Altstadt sowie die Promenade entlang und eine Pizza im Ristorante San Marco (Fischmarkt 2) – ja, Zug ist einfach schön. Klein und fein trifft es hier ziemlich gut. Und natürlich ist es Pflicht, eine Zuger Kirschtorte zu genießen. Denn diese aus Japonaisböden, Kirschsirup und Kirschcreme bestehende Torte hat im Kanton Zug Tradition. Der Begriff Zuger Kirschtorte ist gar rechtlich geschützt! Besonders lecker sind übrigens die Torten der Bäckerei Speck oder der Confiserie Strickler, den beiden Urkonditoreien hier.

FAZIT: EIN SOMMERLICHER TAGESAUSFLUG GANZ IM ZEICHEN DER KIRSCHEN. AB IN DEN CHRIESI-KANTON ZUG!

TIERISCH SCHÖN

#29

Bären und andere wilde Tiere, nur zehn Minuten von Zürich entfernt? Ja, das gibt es! Im Wildnispark Zürich Langenberg kann man einen Tag lang in die Welt der Wildtiere abtauchen und dabei einiges über sie lernen. Ein toller Tagesausflug, inklusive Picknick mitten im Tierpark.

#Bärengeflüster #Wildtiere #abindenWald #ElcheinderSchweiz

Am Eingang werden die Besucher vom stolzen Hirsch begrüßt, und mit etwas Glück kann man wenige Meter weiter Braunbären beim Baden beobachten.

Vor den Toren der Stadt Zürich sagen sich bei Langnau am Albis nicht nur Fuchs und Hase gute Nacht, sondern auch die Bären, Wölfe und Luchse. Denn in einem großzügig angelegten Wildtierpark im Sihlwald leben einheimische und ehemals einheimische Wildtiere im wissenschaftlich geführten Tierpark. Der Eintritt ist übrigens kostenlos.

Zwar muss man hier etwas mehr Geduld mitbringen als in einem herkömmlichen Zoo, dafür leben die Wildtiere in großen Gehegen, die meisten davon mitten im Wald. Im Wildtierpark Zürich Langenberg ist es verboten, die Bewohner zu streicheln oder zu füttern. Dafür bekommt man einen Einblick in das spannende, natürliche Leben der Tiere. Die Kombination von Wald, Wildnis und Wildtieren ist etwas ganz Besonderes.

Der Park ist in zwei Teile gegliedert. Im Teil Langenberg West findet man Rotfüchse, Rehe oder Przewalskipferde. Der Teil Langenberg Ost hingegen ist unter anderem das Zuhause von Murmeltieren, Steinböcken, Braunbären, Hasen, Wildkatzen oder Wölfen.

Im Teil Langenberg West ist der Europäische Elch mit seinem wunderschönen Geweih zu beobachten, welcher bei Temperaturen über 25 Grad auch gern mal im Wasser eine Runde dreht. Die neugierigen Blicke der Besucher ignoriert er dabei gekonnt. Was für ein faszinierendes Tier!

Vom Elchgehege geht es weiter, an den Rehen vorbei, bis man die Braunbären erreicht hat. Mit ein wenig Glück kann man hier aus nächster Nähe beobachten, wie die Bären im

Die Wildtiere werden hier in weitläufigen, naturnahen Anlagen gehalten.

Wasser planschen oder die Besucher mit neugierigen Blicken mustern.

Gleich neben den Bären gibt es ein Restaurant. Ideal für eine kleine Kaffeepause mit Blick auf das Bärengehege. Im ganzen Park verteilt findet man aber auch verschiedene, richtig schöne Grillstellen. So wird zwischendurch gemütlich gepicknickt und grilliert, bevor der Streifzug durch den Wald fortgesetzt wird.

Weiter geht's, an den Wildschweinen vorbei, bis zu den Wölfen. Im Tierpark gibt es überall lehrreiche Infos über die Tiere, welche hier leben. So lernt man beispielsweise allerhand über die lautlose Körperhaltung der Wölfe und wie sie damit im Rudel die Rangordnung demonstrieren. In der richtigen Situation kann man dies gleich selbst beobachten!

Manchmal hat man Glück und sieht die Tiere aus nächster Nähe. Manchmal hat man auch einfach Pech und sie verstecken sich im Wald. Aber genau das macht den Besuch so interessant, und es ist schön zu sehen, wie viel Platz die Bewohner des Wildtierparks haben.

FAZIT: EIN SPANNENDER TAG AUF DEN SPUREN VON WÖLFEN, BÄREN UND ELCHEN.

Hin & weg: Mit Sihlbahn S4 bis Sihlwald. Parkplätze in Langenberg und in Sihlwald.

Dauer: Am besten einen ganzen Tag inkl. ausgiebigem Picknick. Es kann ein wenig dauern, bis man die Tiere zu Gesicht bekommt.

Beste Zeit: Ganzjährig. Öffnungszeiten und weitere Infos unter www.wildnispark.ch

Ausrüstung: Fotoapparat, Proviant und evtl. ein Feldstecher.

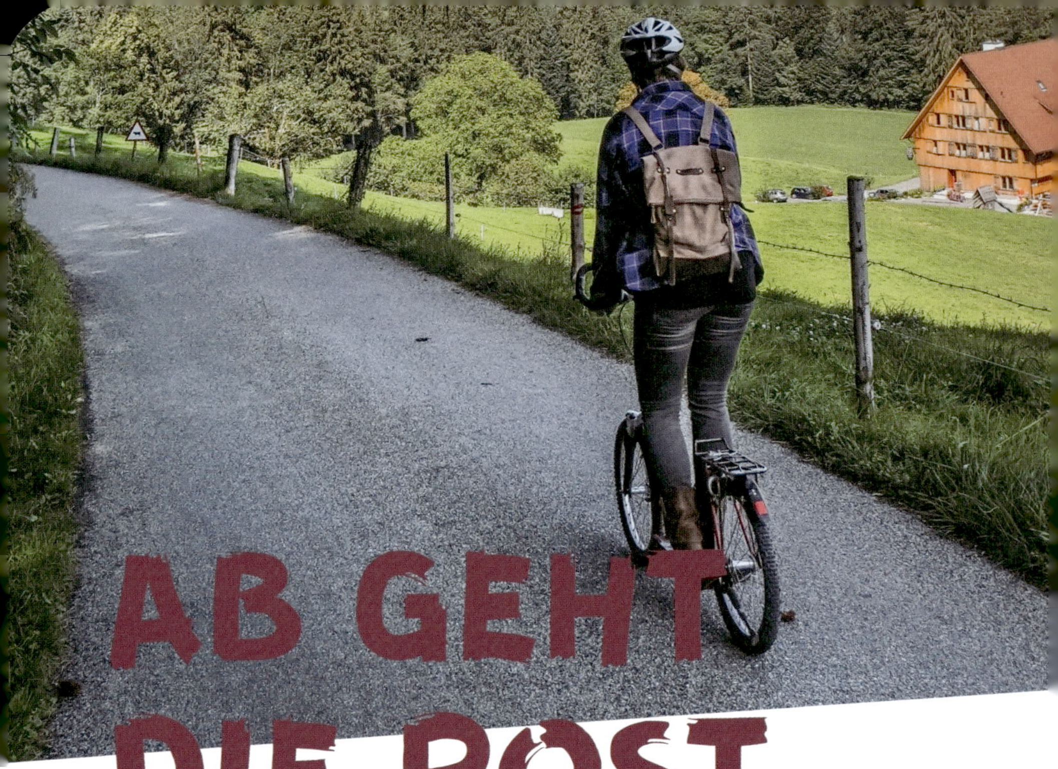

AB GEHT DIE POST

... auf dem Zugerberg

#30

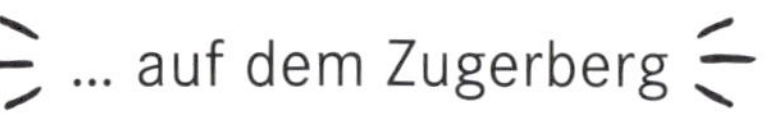

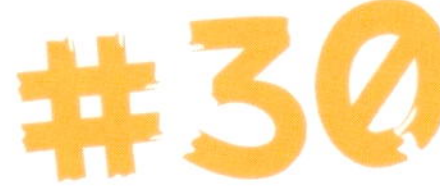

Nach einer Fahrt mit der Zugerbergbahn geht es vom aussichtsreichen Zugerberg mit dem roten Trottinett rasant ins Tal. Vorbei an malerischen Landschaften, saftigen Weiden oder einer lauschigen Alpwirtschaft. Zum Schluss durchs romantische Lorzentobel bis nach Zug.

#Trottinett #rasanteTalfahrt #Tobelweg

Ausgangspunkt eines tollen Tagesausflugs in den Kanton Zug ist die Station der Zugerbergbahn, welche nicht weit vom Stadtzentrum entfernt liegt. Hier fährt man mit der Standseilbahn zwei Mal die Stunde in acht Minuten hoch auf den Zugerberg.

Oben angekommen, wird als Erstes die Aussicht bewundert. Denn vom 1039 Meter hohen Zugerberg, dem Hausberg von Zug, hat man einen wunderbaren Ausblick über den Zugersee, die Stadt Zug und die umliegenden Berge. Außerdem befindet sich hier auch eine bedeutende Moorlandschaft, auf dem von eiszeitlichen Gletschern modellierten Hochplateau des Zugerbergs. Es lohnt sich auf jeden Fall, erst noch einen kurzen Spaziergang zu machen, bevor es mit dem Trottinett, einem Tretroller, ins Tal geht.

Die Trottinette, die man online reserviert und selbstständig abholt, stehen nur fünf Minuten von der Bergstation entfernt (www.rother-events.ch). Der Weg führt auf der rechten Seite den Berg hoch, am Institut Montana vorbei, bis man die roten Trottis am Waldrand entdeckt.

Trottinett, Fahrradhelm und ein bereitliegender Tourenplan werden geschnappt, dann kann es auch schon losgehen. Mit dem Trottinett fährt man den gleichen Weg zurück, bis zum Restaurant Vordergeissboden. Hinter dem Restaurant führt ein steiler Weg den Berg hoch. Hier muss man das Trotti acht

Auch Radfahrer sind hier unterwegs. Zwischendurch gibt es immer wieder Stellen, an denen man einen kurzen Halt einlegen und eine schöne Aussicht genießen kann.

Minuten den Berg hochstoßen – das anstrengendste Stück der Tour. Danach geht es auf der anderen Seite wieder den Berg hinunter, wo man auf der rechten Seite schon bald ein Stück des Aegerisees erspähen kann.

Nach wenigen Minuten erreicht man an der Ostflanke des Zugerbergs die Alpwirtschaft Brunegg (www.alpwirtschaft-brunegg.jimdo.com). Ein herrlicher Ort für eine kleine Pause, umgeben von saftig grünen Wiesen und einem schönen Ausblick über die hügelige Landschaft.

Gestärkt geht es schließlich weiter den Berg hinunter, bis man an der Hauptstraße ankommt. Hier fährt man für kurze Zeit auf dem Gehsteig entlang der Straße, bevor der Weg ins Lorzentobel abbiegt, wo sich eine komplett andere Landschaft eröffnet.

Von nun an geht es durch das romantische Lorzentobel immerfort den Fluss Lorze entlang in Richtung Baar. Besonders eindrücklich ist die Durchfahrt unter der Lorzentobelbrücke hindurch. Drei imposante, nahe beieinanderstehende Brücken, welche über die tief eingeschnittene Schlucht führen. Dabei kommt man auch an Höllgrotten Baar vorbei, einigen Tropfsteinhöhlen, die ebenfalls zu einem Stopp einladen.

Schließlich führt der Weg aus dem Wald heraus. Baar ist erreicht. Das letzte Stück kann etwas anstrengend werden, denn nun ist die Strecke flach. Dem Weg in Richtung Zug folgend, endet die Tour bei einer Garage, wo das Trottinett selbstständig abgestellt wird. Von hier sind es nun noch rund acht Minuten zu Fuß zum Bahnhof Zug.

FAZIT: EINE RASANTE FAHRT VOM AUSSICHTSREICHEN ZUGERBERG INS TAL. QUER DURCH DAS IDYLLISCHE LORZENTOBEL BIS NACH ZUG.

Hin & weg: Von Zürich Hauptbahnhof z. B. mit IR46 nach Zug (22 Min.) und von hier mit Bus 11 nach Schönegg zur Zugerbergbahn. Parkplätze sind vorhanden. Zurück geht es vom Bahnhof Zug.

Dauer & Strecke: 6–8 Std. Reine Fahrzeit mit dem Trottinett: rund 2 Std. Die Strecke ist 17,2 km lang. Genug Zeit einplanen, um auf dem Zugerberg, in der Alpwirtschaft Brunegg, im Lorzentobel und zum Schluss im Städtchen Zug etwas zu verweilen.

Beste Zeit: Von April–Oktober, wenn es trocken ist.

Ausrüstung: Bequeme Schuhe, Sonnenschutz, ein Fahrradhelm wird zur Verfügung gestellt.

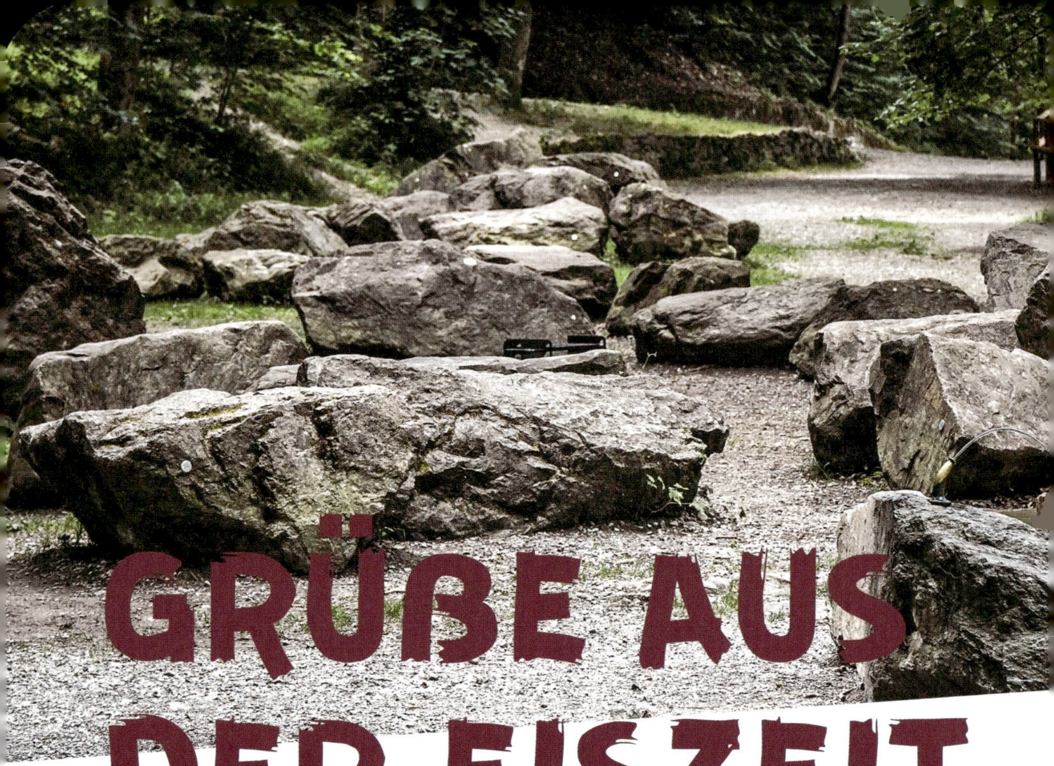

GRÜßE AUS DER EISZEIT

… im Erlenbacher und Küsnachter Tobel

#31

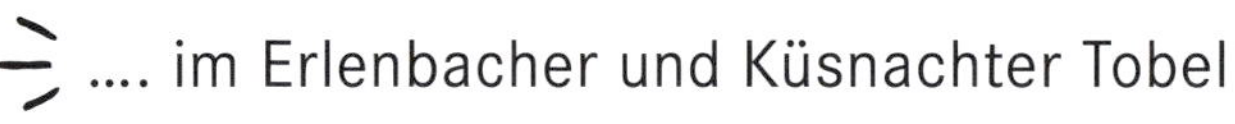

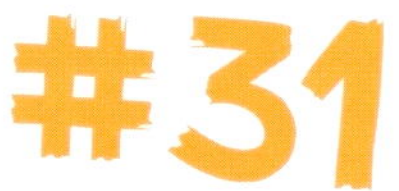

Romantische Waldwege, Brücken, ein zwölf Meter hoher Wasserfall und viele Findlinge. Die Waldwanderung von Erlenbach bis Küsnacht ist definitiv alles andere als langweilig. Doch nicht nur Wanderfüchse kommen auf ihre Kosten, sondern auch Picknickfreunde.

#Findlinge #Waldwanderung #abzumWasserfall #grillierenimWald

Über zwölf Meter stürzt der Wasserfall im Erlenbacher Tobel in die Tiefe.

Beim Bahnhof Erlenbach, an der Sonnenküste des Zürichsees, geht es einmal über die Brücke und dann gleich rechts in Richtung Drusbergstrasse. Von hier ist man in 450 Metern beim Eingang zum Erlenbacher Tobel. Ein romantischer Weg führt über eine kleine Brücke und weiter den Berg hoch, immer schön den Müliweg entlang. Stets mit dem sanft rauschenden Dorfbach an der Seite.

Erstes Highlight ist der Wasserfall im Erlenbacher Tobel, der bereits von Weitem zu hören ist. Der Höhschutz oder auch Hanggiessen, wie er genannt wird, stürzt eindrücklich über eine zwölf Meter hohe Molassewand in die Tiefe.

Weiter geht's, immer leicht aufwärts. Insgesamt sind es 200 Stufen, welche an mehreren kleineren Wasserfällen vorbeiführen. Bis der Weg schließlich nach rund einer Stunde aus dem Wald führt.

Von hier geht es nach links, auf dem Feldweg in Richtung Küsnachter Tobel. Einmal quer über die Forchstrasse, und schon ist man wieder auf dem Weg. Bald zweigt dieser rechts ab, immer den signalisierten Wanderweg entlang.

Tipp: Hier hat man auch die Möglichkeit, die Wanderung ein Stück abzukürzen und geradeaus durch den Wald zu gehen.

Schließlich führt die Rundwanderung den Bach entlang wieder den Tobelweg hinunter in Richtung Küsnacht. Auf der ganzen Strecke liegen zahlreiche romantische Grillstellen am Wegrand. Eine dieser schönen Stellen sollte man für ein ausgiebiges Picknick nutzen. Feuer machen, Wurst auf den Grill legen und dann bei feinen Schlemmereien einfach die Ruhe des Waldes genießen!

Das nächste Highlight wartet im letzten Abschnitt der Wanderung: der imposante Ale-

Die abwechslungsreiche Wanderung führt durch zwei Tobel, an Bächlein, zahlreichen Findlingen und malerischen Weizenfeldern vorbei.

xanderstein. Der riesige Sandsteinfindling aus Urzeiten wurde vor rund 20 000 Jahren von eiszeitlichen Gletschern von den Glarner Alpen bis nach Küsnacht verfrachtet. Heute gilt er als ein sogenanntes Geotop und gibt wertvolle Einblicke in die Erdgeschichte. Es befinden sich ganze 48 verschiedene Moosarten auf dem Stein. Ein Stück weiter vorn liegen außerdem 65 weitere Findlinge, welche aus der Gegend zusammengetragen wurden.

Jetzt sind es nur noch 1,5 Kilometer zurück nach Küsnacht. In Küsnacht angekommen, geht es kurz auf einen Abstecher an den Zürichsee. Bei der Hornanlage Küsnacht findet man einen idyllischen, kleinen Park direkt am See, welcher zum Verweilen einlädt, bevor man mit dem Zug bequem und schnell wieder zurück nach Zürich kommt.

Hin & weg: Mit der S6 oder S16 von Zürich Hauptbahnhof bis Erlenbach (15 Min.). Parkplätze am Bahnhof.

Dauer & Strecke: 5–7 Std., je nach Länge von Picknick und Pausen. Die reine Wanderzeit beträgt 3,5 Std., Strecke: 12,1 km, Auf- und Abstieg: 341 m.

Beste Zeit: Ganzjährig. Jede Jahreszeit hat etwas Besonderes. Im Sommer ist es am Wasserfall natürlich immer schön, aber auch im kalten Winter ist er in gefrorender Form sehr eindrücklich.

Ausrüstung: Feste Schuhe, Getränke, Proviant und etwas für auf den Grill (Feuerzeug und ein Stück Zeitung nicht vergessen!).

FAZIT: TOLLE WALDWANDERUNG ÜBER ZAHLREICHE BRÜCKEN UND AN WASSERFÄLLEN VORBEI, MIT EINIGEN ÜBERRASCHUNGEN AUS DER EISZEIT.

4 PERS
ZH 4301
ZH 4301

OH, WIE IST DAS SCHÖN!

Lust auf einen Tag am See, doch am Zürichsee ist zu viel los? Dann ab nach Pfäffikon ZH! Mit dem Ruderboot den idyllischen Pfäffikersee erkunden, dann eine entspannte Wanderung um den See unternehmen. Unterwegs gibt es eine Abkühlung in der Badi Seegräben und zum Schluss einen Eiskaffee im Biergarten.

#abaufsBoot #amSeeistesschön #Biergarten #abinsWasser

Perspektivenwechsel: Mit dem Ruderboot hinaus auf den Pfäffikersee und mitten auf dem See die Ruhe und die Aussicht genießen.

Der Ausflug beginnt am Seequai in Pfäffikon ZH. An der Seepromenade ist immer eine Menge los. Hier laden verschiedene Badeplätze die Besucher dazu ein, in das kühle Nass zu springen. Doch als Erstes geht es gleich mal mit dem Boot hinaus auf den See! Am Seequai befindet sich in einem schnuckeligen, mit Blumen behangenen Holzhäuschen die Bootsvermietung Pfäffikersee. Wer dort hingeht, kann zu wirklich fairen Preisen Ruderboote mieten (www.booti.ch).

Nichts ist so beruhigend, wie mit dem Ruderboot über das spiegelglatte Wasser zu gleiten, irgendwo mitten auf dem See haltzumachen und einfach nur die Stille und die Aussicht zu genießen. Das ist Entspannung pur, und da kommt definitiv Ferienfeeling auf!

Nach einer Stunde im Ruderboot geht es zurück zum Bootshaus, und die Rundwanderung um den Pfäffikersee beginnt. Nach wenigen Minuten kommt man am Storchennest vorbei, das sich unübersehbar auf einem riesigen Baumstamm befindet. Mit ein wenig Glück

---

Hin & weg: Mit der S3 bis Pfäffikon ZH (29 Min). Vom Bahnhof sind es 600 m an den See. Diverse Parkplätze in Pfäffikon.

Dauer & Strecke: Rund 5–8 Std., je nachdem, wie lange man wo verweilen möchte. Es lohnt sich aber, alles richtig gemütlich zu nehmen. Die Wanderung um den See ist 9 km lang und dauert rund 2 Std.

Beste Zeit: Im Sommer! Die Bootsvermietung ist an schönen Tagen und am Wochenende geöffnet.

Ausrüstung: Badesachen, Sonnencreme, Sonnenhut, bequeme Schuhe.

In Pfäffikon ZH lebt gleich beim See eine Storchenfamilie in einem großen Nest.

kann man die Storchenfamilie beobachten, welche hier lebt!

Weiter geht's über einen Steg, vorbei an saftigen Schilfhainen und immer weiter den See entlang, mitten durchs Naturschutzgebiet. Ein wunderschöner Weg durch die Natur!

Nach rund 45 Minuten erreicht man die Badi Seegräben. Hier gibt es eine kleine Abkühlung im See. Das Tolle: Die Badi ist zwar klein, doch man findet hier kostenlose Duschen und Umkleidekabinen in einem Holzhäuschen am Ufer. Zudem gibt es im See einen Sprungturm und hinter dem Uferweg eine gemütliche Liegewiese. Alles, was man braucht, um etwas zu entspannen!

Sind die Batterien wieder aufgeladen, geht die Rundwanderung weiter. Über Auslikon geht es nach Irgenhausen, bis man schließlich nach rund zwei Stunden Fußmarsch wieder in Pfäffikon ZH angelangt.

Zurück am Seequai gibt es zum krönenden Abschluss dieses Ausflugs noch einen wohlverdienten Abstecher in Brüll!Bier's Garten! Ein lauschiges Plätzchen am See, mit selbst gebrautem Bier, Eiskaffee und weiteren, für einen Biergarten typischen Leckereien wie Flammkuchen (www.bruell-biers-garten.ch, nur in der Sommersaison und bei gutem Wetter geöffnet). Hier kann man es sich gut gehen und einen Sommertag prima ausklingen lassen!

FAZIT: EIN ABWECHSLUNGSREICHER UND DOCH SO RICHTIG ENTSPANNTER TAGESAUSFLUG AM UND AUF DEM PFÄFFIKERSEE.

ÜBER STOCK UND STEIN

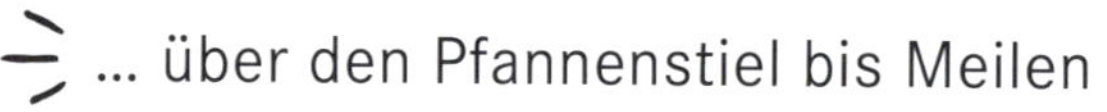

Eine herrliche, abwechslungsreiche Wanderung auf den Pfannenstiel. Dichter Wald, wunderschöne Aussichten und ein 35 Meter hoher Stahlturm. Dazu ein atemberaubender Blick über den Greifen- und Zürichsee sowie das Zürcher Oberland, gekrönt von einem idyllischen Bachtobel.

#tolleAussichten #BlicküberZürich #wandernamStadtrand

Bei diesem Blick mag man gar nicht glauben, dass man noch ganz in der Nähe der Stadt Zürich ist.

Mit der Forchbahn startet der Ausflug beim Bahnhof Stadelhofen und führt bis zur Haltestelle Forch. Von hier geht es stets den gelben Wanderweg entlang, unter den Bahngleisen hindurch und an den hübschen Häuschen vorbei in Richtung Wald.

Kurz bevor der Weg jedoch in den Wald führt, wartet bereits die erste Überraschung: Auf der linken Seite eröffnet sich ein wunderbares Panorama über den Greifensee und das Zürcher Oberland. Zeit, um kurz innezuhalten. Dann geht es die Waldstrasse hoch, in den dichten Wald hinein.

Nach einiger Zeit kommt man aus dem Wald heraus. Weiter führt der Weg an einer Weide mit Kühen vorbei bis zum idyllischen Weiler Vorderer Gulden. Dann geht es über den Stuckiweg, bis man schließlich nach einer Stunde und 15 Minuten den markanten Aussichtsturm auf dem Pfannenstiel (853 m) erreicht. Der Aussichtsturm Pfannenstiel (ehemaliger Bachtelturm) steht in der Gemeinde Egg im Kan-

ton Zürich. Er ist etwa 35 Meter hoch, die Aussichtsplattform befindet sich in 33 Meter Höhe und wurde im Sommer 1992 eingeweiht.

Das Panorama muss man sich aber erst verdienen. Denn die Aussichtsplattform erreicht man über 174 Treppenstufen und sieben Zwischenpodeste. Nichts für schwache Nerven, denn der Stahlturm kann ganz schön wackelig sein! Doch es lohnt sich. Oben angekommen, hat man einen fantastischen Ausblick über den Zürichsee, den Albis, das Zürcher Oberland oder mit etwas Glück auf den Säntis. Auf der obersten Plattformebene befindet sich zur Orientierung ein graviertes Verzeichnis aller sichtbaren Landschaftspunkte.

Dann geht es auch schon weiter, bis man nach wenigen Minuten beim Restaurant Hochwacht ankommt. Hier einzukehren, ist Pflicht! Denn die Aussicht von der mit Geranien geschmückten Terrasse ist einfach umwerfend (www.hochwacht-pfannenstiel.ch).

Danach beginnt der Abstieg ins Tal. Das kann zwar etwas in die Beine gehen, doch dafür ist der Weg wunderschön. Durch das lauschige

---

Hin & weg: Mit der Forchbahn S18 von Stadelhofen nach Forch (15 Min.). Von Meilen geht es mit der S7 zurück nach Zürich (14 Min.).

Dauer & Strecke: 5–6 Std. Die reine Wanderzeit beträgt 3 Std., Strecke: 13 km, Aufstieg: 260 m, Abstieg: 540 m.

Beste Zeit: Ganzjährig, jede Jahreszeit hat ihren Charme.

Ausrüstung: Feste Schuhe, genug zu trinken, evtl. Feldstecher für den Aussichtsturm.

Insgesamt 174 Treppenstufen führen hoch auf den Aussichtsturm. Dazu ist das Ganze eine wackelige Angelegenheit. Die traumhafte Aussicht muss man sich erst erarbeiten.

Naturreservat Rappentobel erreicht man den Weiler Toggwil.

In Toggwil beginnt schließlich der abwechslungsreiche Weg durch das Meilemer Dorfbachtobel. An vielen Findlingen, Wasserfällen und lauschigen Plätzchen vorbei, schlängelt sich der Weg den plätschernden Bach entlang. Nach einem kurzen Abstecher zur Burgruine Friedberg sind es nur noch wenige Meter, bis man schließlich im alten Dorfkern von Meilen anlangt. Nun ist es auch nicht mehr weit bis zum Bahnhof Meilen.

FAZIT: DIE VIELLEICHT ABWECHSLUNGSREICHSTE STADTNAHE WANDERUNG IM KANTON ZÜRICH.

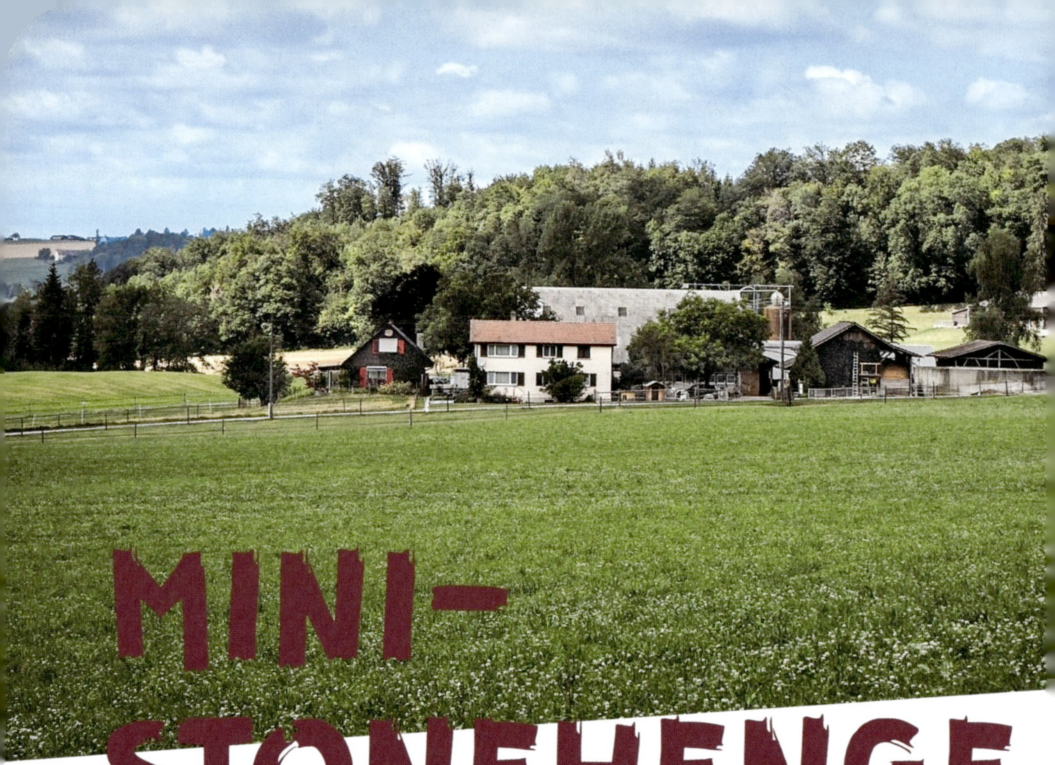

MINI-STONEHENGE

... in Affoltern am Albis im Säuliamt

#34

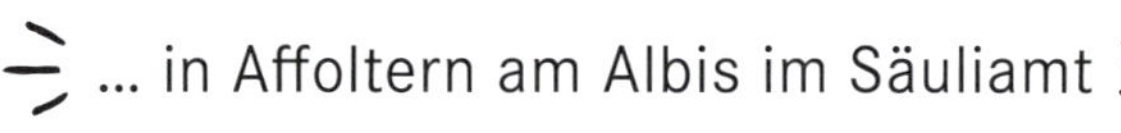

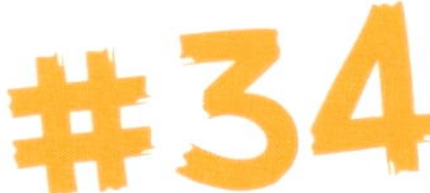

Ein mysteriöser Steinkreis mitten im Wald, und niemand weiß genau, was es damit auf sich hat. Ein echter Geheimtipp im Säuliamt! Kombiniert mit einer schönen Wanderung und einem Abstecher an den malerischen Hedinger Weiher, ist dies ein toller Tagesausflug.

#Geheimtipp #ausaltenZeiten #Waldmagie

»Woher kommen die Steine mitten im Wald?«, lautet die Frage in Affoltern am Albis.

Vom Bahnhof Affoltern am Albis geht es einmal quer durch das kleine Städtchen, den Centralweg hoch, bis zur Wolhausenstrasse. Diese mündet schon bald in die Mühlebergstrasse, welche nach 30 Minuten an den Waldrand führt.

Nur kurz geht es durch den Wald, bis man beim großen Wegweiser an einer idyllischen Lichtung anlangt. Was auffällt: Vom mysteriösen Steinkreis ist hier trotz zahlreichen Wegweisern rein gar nichts zu finden. Keiner der Pfeile verrät seine Existenz. Denn um das Säuliämtler Mini-Stonehenge zu finden, muss man wissen, wo dieses liegt (bei Google Maps ist der Steinkreis vermerkt: 47.285482, 8.465823).

Es geht den Schotterweg entlang, in Richtung Dachs. Und am Ende der Lichtung weiter in Richtung Müliberg. Die Spannung steigt, wenn

Ein kleiner Trampelpfad führt zum etwas versteckten Steinkreis, der ohne Koordinaten schwer zu finden ist.

der Weg bergauf wieder in den Wald führt. Denn dabei kommt man dem Steinkreis näher und näher.

Bei der nächsten Abzweigung läuft man links in Richtung Hirslen. Aufgepasst: Bei einem weiteren kleinen Wegweiser geht es nun kurz vor der nächsten Abzweigung vom Weg ab in den lichten Wald hinein. Ein Trampelpfad verrät, dass man richtig ist. Einmal die kleine Anhöhe hoch, einen Blick nach links, und schon sieht man die neun Menhire im Wald, welche einen Kreis bilden.

Der Steinkreis im Bislikerhau ist auch Insidern noch nicht allzu lange bekannt. Deshalb ist er bisher ein echter Geheimtipp! Der Ort versprüht etwas Magisches. Man fragt sich, weshalb die Steine wohl einst so aufgestellt wurden. Klar ist, dass sie weder von einem Gletscher hierhertransportiert worden sind, noch dass ein Wanderer die tonnenschweren Steine so aufgestellt hat.

Was es genau mit dem Steinkreis auf sich hat, ist nicht geklärt. Der Kanton gibt sich bedeckt mit Erklärungen. Einige sagen aber, dass es sich um den eindrücklichsten aller noch erhaltenen Steinkreise in der Schweiz und im grenznahen Ausland handelt. Möglicherweise war dies - wie Stonehenge - einst eine Kultstätte im Zusammenhang mit der Sommersonnenwende.

Nach einer kleinen Rast an diesem besonderen Ort geht es weiter auf dem Waldweg, bis man schließlich den Wald verlässt. Auf dem Hirslen Weg geht es am Pfadfinderheim Hedingen vorbei, bis man letztendlich beim zweiten Highlight der Tour, dem idyllischen Hedinger Weiher, ankommt.

Beim hübschen, kleinen Weiher am Waldrand befindet sich eine Badi sowie das MiKa's. Ein gemütliches, kleines Restaurant und Kiosk mit Blick auf den Weiher (www.mikas-hedinger-weiher.ch). Der Hedinger Weiher ist so schön, dass man am besten ein paar Stunden bleibt und die Seele baumeln lässt. Bei warmem Wetter bietet sich eine Abkühlung im Wasser an. Hat man schließlich die Batterien wieder aufgeladen, spaziert man noch einen Kilometer durchs friedliche Wohnquartier (Wohnviertel) von Hedingen, bis man am letzten Punkt der Route, dem Bahnhof, anlangt.

Die Wanderung verläuft vom Steinkreis weiter durch den Wald bis zum Hedinger Weiher, der landschaftlich schön gelegen ist.

FAZIT: AUF DEN SPUREN EINES MYSTERIÖSEN STEINKREISES PLUS ABSTECHER ZU EINEM IDYLLISCHEN WEIHER AM WALDRAND.

Hin & weg: Ab Zürich mit der S5, S14 nach Affoltern a. A. (28 Min.). Zurück geht es vom Bahnhof Hedingen mit der gleichen S-Bahn (24 Min.).

Dauer & Strecke: Ganzjährig. Die reine Wanderzeit beträgt 2 Std. Die Strecke ist 6,5 km lang. Es lohnt sich, genug Zeit für den Steinkreis und den Hedinger Weiher einzuplanen. Hier kann man im Sommer gut einen halben Tag in der Badi verbringen.

Beste Zeit: Ganzjährig. Einzige Ausnahme: Wenn viel Schnee liegt, da der Steinkreis dann schwer zu finden ist. Auch am Hedinger Weiher ist es das ganze Jahr hindurch schön.

Ausrüstung: Bequeme Schuhe, im Sommer Badesachen und Sonnenschutz.

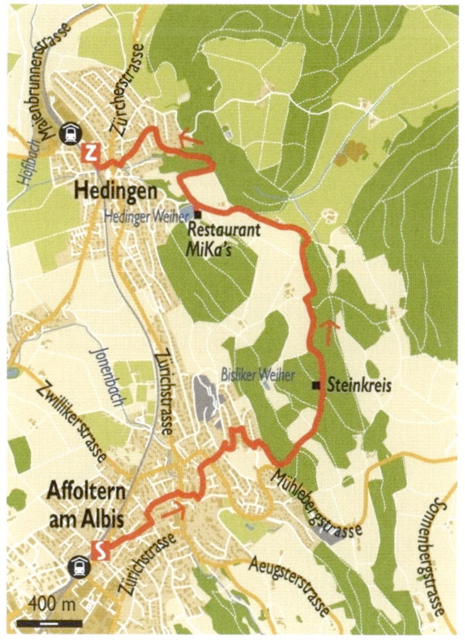

EINFACH GENIEẞEN

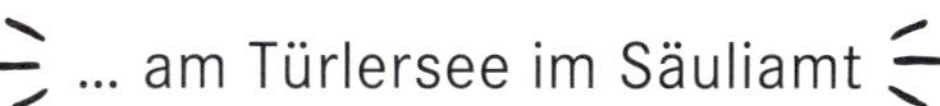

Einfach mal nichts tun, einen ganzen Tag am See verbringen, spielen, essen und auf der faulen Haut liegen ... Das kann man im Raum Zürich fast nirgends so schön wie am Türlersee vor den Toren der Stadt. Die kleine grüne Oase im Naturschutzgebiet ist der perfekte Ort, um die Seele baumeln zu lassen.

#Säuliamt #abinsWasser #Abkühlung #abaufsSUP

Nur 18 Kilometer von Zürich entfernt, liegt die Perle des Säuliamts: der Türlersee. 1,4 Kilometer ist er lang und 500 Meter breit. Eigentlich die perfekte Größe für einen kleinen Spaziergang rund um den See. Das ist auch definitiv das ganze Jahr hindurch ein lohnenswerter Plan, doch an warmen Tagen gibt es fast nichts Schöneres, als einfach mal den kompletten Tag am See zu verbringen und dabei dem süßen Nichtstun zu frönen.

Schon früh im Sommer lockt der Türlersee auf dem Gemeindegebiet von Hausen am Albis und Aeugst mit angenehmen Temperaturen. Mutige drehen bereits zu Frühlingsbeginn die ersten Runden im kühlen Nass.

Rund um den See findet man mehrere Badeplätze sowie das Strandbad Türlersee mit Campingplatz, welches am Südostufer liegt. Aber Achtung: Man befindet sich hier im Naturschutzgebiet, und das darf man nicht vergessen. Denn der Türlersee ist das Zuhause zahlreicher Vogelarten und ein bedeutendes Amphibienlaichgebiet.

Deshalb darf man nur an den markierten Orten schwimmen. Diese sind auf Tafeln rund um den See gut ersichtlich vermerkt. Ansonsten heißt es hier aber einfach nur genießen, die Seele baumeln lassen und die herrliche Natur in sich aufnehmen.

Ein besonders schöner Platz zum Baden liegt nicht weit vom Parkplatz Hundewiese entfernt an der Reppischtalstrasse. Von hier führt ein kleiner Kiesweg hinunter an den See. Nach wenigen Minuten erreicht man so die Liegewiese unter den Schatten spendenden Bäumen, wo sich auch mehrere Grillstellen sowie

Spiele spielen, ein Buch lesen, grillieren, schwimmen oder einfach relaxen: So gestaltet sich ein perfekter Nachmittag am Türlersee.

zwei große Tische zum Picknicken oder Spielespielen befinden.

Besonders gut lässt sich der See übrigens mit dem selbst mitgebrachten SUP erkunden! Es gibt nichts Schöneres, als über den ruhigen See zu gleiten ... Etwas weiter vorne beim Strandbad Türlersee können Ruderboote gemietet werden. Auch kein schlechter Plan!

Hin & weg: Mit der S10 nach Uitikon Waldegg und weiter mit Bus 236 nach Aeugstertal, Landhus. Von hier sind es 850 m an den See. Um den Türlersee gibt es mehrere Parkplätze.

Dauer: Am besten bleibt man gleich den ganzen Tag oder nach Lust und Laune.

Beste Zeit: Zum Spazierengehen das ganze Jahr, besonders schön im Sommer zum Schwimmen.

Ausrüstung: Spiele, etwas auf den Grill, SUP und natürlich Badesachen.

FAZIT: EIN GANZER TAG AM TÜRLERSEE LÄSST EINEN ENERGIE FÜR DIE KOMPLETTE WOCHE TANKEN.

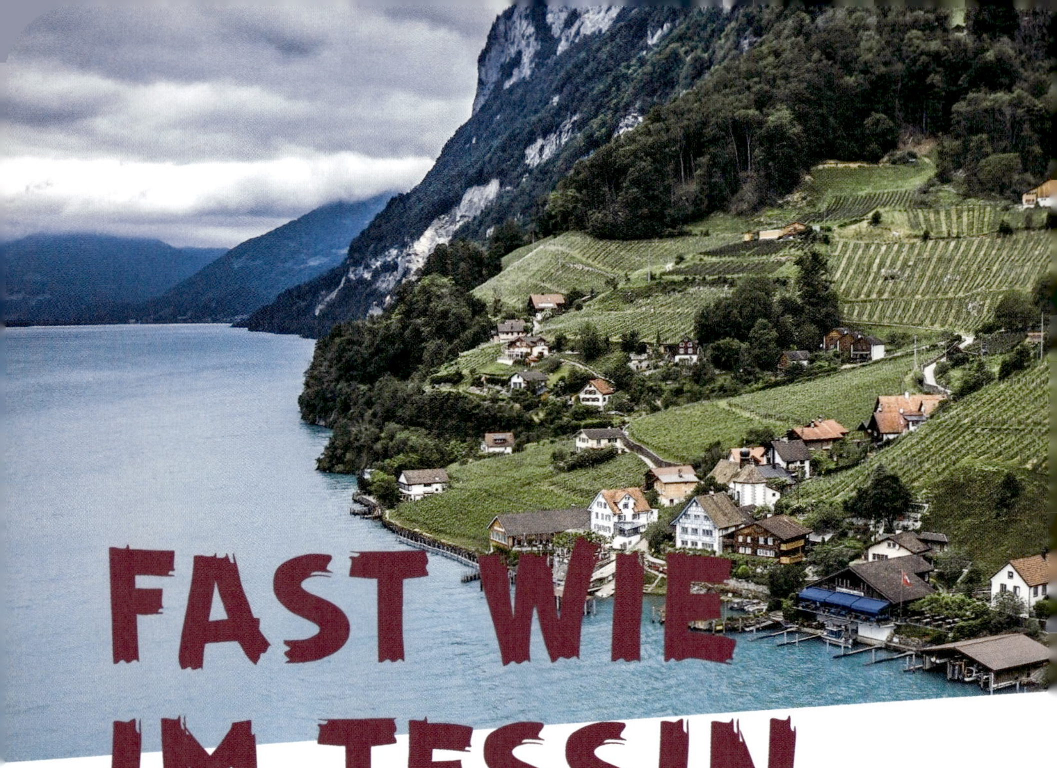

FAST WIE IM TESSIN

... am Walensee an der Ostschweizer Riviera

#36

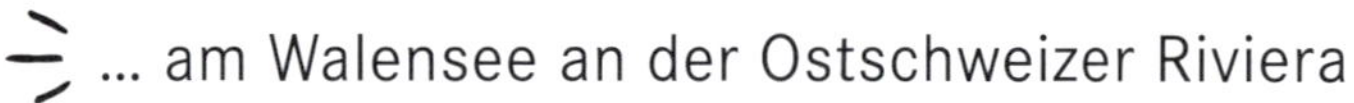

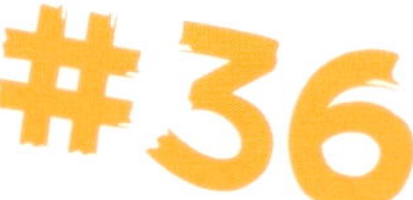

Die Wanderung von Weesen nach Quinten entlang des Walensees ist etwas ganz Besonderes. Nicht umsonst wird diese Strecke Ostschweizer Riviera genannt. Einzigartig ist Quinten, ein Weindörfchen, zu dem man nur zu Fuß oder mit dem Schiff hinkommt.

#zwischenBergundSee #Schifffahrenistschön #wandernamSee

Im malerischen Weindorf Quinten werden die Trauben aufgrund des Klimas besonders süß.

Die Wanderung beginnt in Weesen, das im Kanton St. Gallen liegt. Nach einer kurzen Runde durch das kleine, aber feine Dorf am See startet die bequeme, einfache Wanderung den Walensee entlang. Erst über geteerte Sträßchen führt der Weg über Fly, am Strandbad vorbei, bis nach Betlis. Hier empfiehlt es sich, den oberen Weg zu nehmen, da er viel schöner und nicht geteert ist.

Weiter geht's, vorbei an hübschen Häusern aus alten Zeiten, stets mit dem türkisblauen Walensee im Blickfeld. Am Ufer entlang findet man immer wieder herrliche Plätzchen zum Verweilen und Genießen. Es wundert nicht, dass dieser Abschnitt auch die Ostschweizer Riviera genannt wird. Einfach traumhaft ist es hier! Sogar Palmen, Feigenbäume oder Kiwis wachsen in dieser Gegend.

Nach rund zwei Stunden erreicht man den höchsten Punkt der Wanderung, bevor der Abstieg über einen gesicherten Wanderweg, welcher etwas Trittsicherheit verlangt, in das Weindörfchen Quinten führt.

Quinten ist etwas ganz Besonderes, denn hierher gelangt man ausschließlich zu Fuß oder mit dem Schiff! An der Sonnenseite des Walensees gelegen, genießt die Ortschaft zudem überdurchschnittlich viele Sonnenstunden.

Weesen ist wunderschön am Walensee gelegen und besticht durch das besondere Bergpanorama rund um den See.

Aufgrund der steilen Felswände der Churfirsten herrscht hier ein relativ mildes, fast schon mediterranes Klima. Die durchschnittliche Jahrestemperatur liegt bei zwölf Grad.

In Quinten angekommen, gibt es erstmals eine kleine Stärkung. Im Restaurant Schifflände wird mit Blick auf den Walensee gegessen, bevor die Ortschaft ein weiteres Mal mit nun vollem Magen erkundet wird.

Danach geht es zum Schiffssteg und mit dem nächsten Schiff zurück nach Weesen. Nach den Abfahrzeiten sollte man sich vorher erkundigen, damit man nicht so lange warten muss. Während der rund 40 Minuten dauernden Schifffahrt bekommt man nochmals einen ganz anderen, tollen Überblick über die Gegend um den Walensee sowie die imposanten, bis zu 1000 Meter hohen Berge. Der krönende Abschluss eines herrlichen Ausflugs!

Hin & weg: Von Zürich Hauptbahnhof mit der S25 nach Ziegelbrücke (42 Min.) und von da mit Bus 650 nach Weesen, See (6 Min.).

Dauer & Strecke: Insgesamt 6–7 Std. Die reine Wanderzeit von Weesen–Quinten beträgt 3 Std. 10 Min. Die Strecke ist 10,5 km lang.

Beste Zeit: Ganzjährig. Wegen des milden Klimas kann man hier auch im Winter gut wandern.

Ausrüstung: Gute Schuhe und je nach Wetter eine Windjacke fürs Schiff.

FAZIT: TOLLE WANDERUNG ZU EINEM GANZ BESONDEREN MEDITERRANEN DÖRFCHEN. ZURÜCK GEHT ES PER SCHIFF!

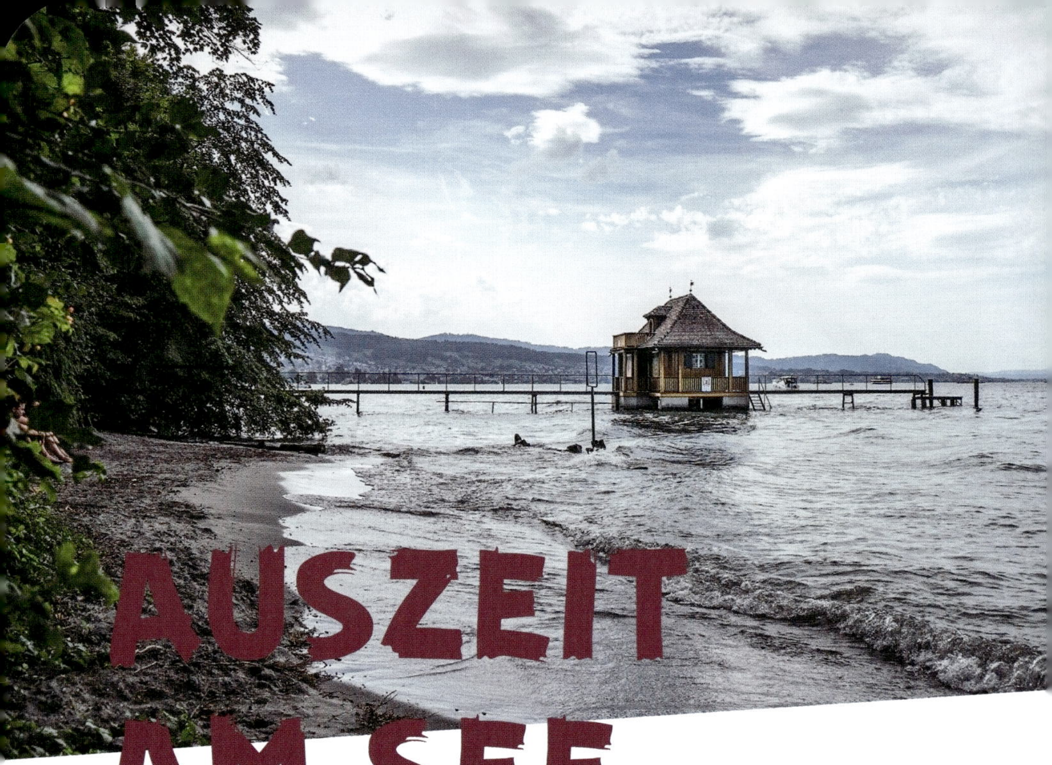

AUSZEIT AM SEE

… von Horgen nach Wädenswil

#37

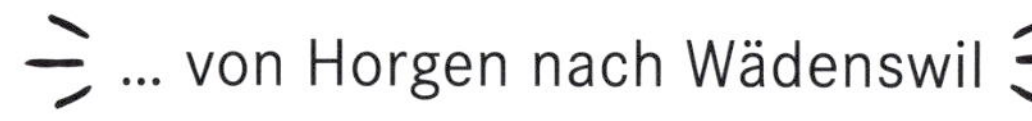

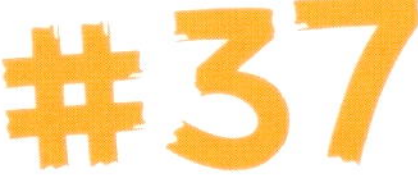

Ein romantischer Seeuferweg, eine Halbinsel, die mit Muscheln und Sandstrand überrascht, Weinberge, ein imposantes Schloss und ganz viel Seeliebe: Die Wanderung von Horgen nach Meilen bietet einiges und ist trotzdem entspannend. Perfekt für einen Sonntagsspaziergang.

#MeerinSicht #Uferweg #geliebterZürichsee #abaufdieHalbinsel

Vom Uferweg aus kann man die Halbinsel Au bereits gut erkennen.

Die verträumte, einfache Wanderung beginnt am Bahnhof Horgen. Es geht einmal unter der Unterführung hindurch, und schon ist man am schönen Zürichsee. Nach wenigen Gehminuten den Seeuferweg entlang, kommt man am Ortsmuseum Sust Horgen vorbei. Hier erfährt man allerlei Historisches über den Ort.

Danach geht es auf einem gepflasterten Sträßchen weiter, an der Autofähre Horgen-Meilen vorbei, bis zum Strandbad Käpfnach. Parallel zur Bahnlinie führt der Weg immerfort am Ufer entlang. Für Hungrige gibt es im Seerestaurant Meilibach eine kleine Stärkung direkt am See. Danach geht der Weg bis zum Holzsteg, welcher durch ein malerisches Schilfgebiet führt. Die Halbinsel Au kann man dabei bereits von Weitem erkennen. Nach rund 1,5 Stunden hat man diese schließlich erreicht.

Der Weg führt links ab zum prachtvollen Schlosspark, wo sich das Tagungszentrum Schloss Au für Bildung, Kultur und Begegnung befindet. Dieses ist allerdings nur für Teilnehmende von Veranstaltungen geöffnet. Doch auch von außen ist das majestätische Gebäude wunderschön anzusehen und auf jeden Fall einen Besuch wert.

An klaren Tagen hat man vom Zürichsee einen wunderbaren Blick in die Schweizer Alpen. Hier fühlt man sich tatsächlich wie im Urlaub.

Von hier geht es weiter am Ufer entlang in den kleinen Wald hinein. Imposante Bäume zieren den schmalen Weg, welcher immer wieder einen tollen Ausblick auf den See freimacht. Überall laden dabei rote Holzbänke zum Verweilen und Tagträumen ein.

Überraschend stößt man hier auf einen zwar nur kleinen, aber doch hübschen natürlichen Sandstrand. Etwas, was man vom Zürichsee sonst eher weniger kennt. Sogar kleine Muscheln kann man im Sand finden! Wenn da kein Ferienfeeling aufkommt ...

Am Seeufer der Halbinsel Au fühlt man sich, als wäre man in einer anderen Welt. Eine richtige kleine, friedliche Oase, wo man stundenlang verweilen kann. Viele Grillstellen laden zudem zu einem gemütlichen Picknick ein.

Schließlich führt der Weg an der Schiffstation vorbei aufwärts, bis man den Landgasthof Halbinsel Au erreicht. Ein herrlicher Ort, umgeben von Ponys, Eseln, Hühnern oder Geißlein und ideal für eine kurze Rast.

Von hier führt der Weg treppabwärts, durch einen Rebberg. Die Weinreben an der Austrasse der Halbinsel Au werden übrigens von der Forschungsgruppe Weinbau der Zürcher Hochschule ZHAW für Übungen mit Studierenden genutzt. Schließlich biegt man in Richtung Bahnhof Au ab, wo man links geht, um wieder auf den Seeuferweg zu gelangen. Von hier erreicht man Wädenswil in rund 50 Minuten.

Hin & weg: Die S2 fährt von Zürich Hauptbahnhof nach Horgen (18 Min.). Von Wädenswil mit der S15 zurück nach Zürich (17 Min.).

Dauer & Strecke: Reine Wanderzeit von Horgen–Wädenswil rund 2 Std. Die Strecke ist 8,8 km lang. Auf der Halbinsel Au kann man gut einen halben Tag verweilen.

Beste Zeit: Ganzjährig. Im Sommer ist die Wanderung aber besonders schön, da man immer wieder zur Abkühlung in den See springen kann.

Ausrüstung: Bequeme Schuhe, evtl. Badesachen.

FAZIT: GEMÜTLICHE UFERWANDERUNG MIT HALT AUF DER HALBINSEL AU, WELCHE MIT EINEM KLEINEN SANDSTRAND UND MUSCHELN ÜBERRASCHT.

RUNDE VELOTOUR

… einmal um den Zürichsee

#38

Es gibt keine bessere Möglichkeit, die Gegend um den Zürichsee kennenzulernen als bei einer ausgedehnten Fahrradtour rund um den See. Fast 100 Kilometer führt der Weg durch drei Kantone, teils am Ufer und teils die Hauptstraße entlang. Dabei gibt es immer wieder wunderschöne Orte für eine Pause.

#rundherum #indiePedale #ZürichSchwyzStGallen

Die Fahrradtour beginnt in der Stadt Zürich, am schönen Zürichsee. Von da geht es am rechten Zürichseeufer den Radweg entlang in Richtung Kilchberg. Zwar kommt man am Anfang aufgrund der Verkehrsampeln in der Stadt Zürich noch nicht ganz so zügig vorwärts, doch sobald man die Stadt verlässt, geht es schnell voran.

Teilweise führt der Weg direkt am Seeufer entlang und dann, wie beispielsweise zwischen Kilchberg und Horgen, fährt man auf dem Fahrradweg auf der Hauptstraße. Schließlich kommt man bei der Fährstation der Zürichsee-Fähre vorbei. Hier hat man theoretisch die Möglichkeit, die Tour abzukürzen und mit dem Schiff von Horgen nach Meilen zu fahren. Auch sehr schön, doch für die große Zürichseeumrundung geht es weiter, schon bald wird man mit einem herrlichen Weg direkt am Seeufer entlang belohnt.

Kurz nach Horgen führt der Weg an der Halbinsel Au vorbei. Ein lauschiges Fleckchen am Zürichsee, welches sich für eine Verschnaufpause mitten im Grünen wunderbar anbietet. Zwischen Weinreben, idyllischen Bänklein, hohen Bäumen, Ponys, Ziegen und Hühnern gibt es eine kleine Pause im Landgasthof Halbinsel Au.

Weiter geht's, am Weinbaumuseum vorbei, immer weiter den Uferweg entlang. Beim Bahnhof Wädenswil angekommen, führt der Weg dann wieder auf die Hauptstraße. Von hier fährt man schließlich an Richterswil und Freienbach vorbei, bis man Pfäffikon im Kanton Schwyz erreicht. In Pfäffikon besteht die zweite Möglichkeit, die Fahrradtour abzukürzen, indem man über den Seedamm bis Rapperswil fährt. Ansonsten geht es nun weiter um den Obersee, an Altendorf vorbei, bis Lachen. Lachen bietet eine schöne Promenade am See, mit der eindrücklichen Pfarrkirche Lachen im Hintergrund. Ein schöner Ort für eine kleine Pause. Dann geht es auch schon weiter. Über Schmerikon, die oberste Ortschaft am Zürichsee, welche im Kanton St. Gallen liegt, führt der Radweg schließlich zurück in Richtung Rapperswil.

Rapperswil ist ein wunderschöner Ort für eine ausgedehnte Pause im malerischen Städtchen direkt am Zürichsee. Und natürlich ist ein Besuch im Schloss Rapperswil Pflicht. Denn nicht nur das historische Schloss ist sehenswert, auch die Aussicht auf den See und die weitere Umgebung ist von dort oben traumhaft.

Danach wird der Route 66 gefolgt, welche leicht erhöht die Zürcher Goldküste, wie das rechte Zürichseeufer genannt wird, entlangführt. Eine richtig schöne Strecke. Dafür geht es hier immer mal wieder leicht bergauf und bergab, was die Höhenmeter der Tour erklärt.

Wer möchte, kürzt die Velotour in Horgen ab und nimmt die Fähre nach Meilen, die hier regelmäßig verkehrt. Die Fahrzeit beträgt rund zehn Minuten.

Schließlich erreicht man den Bahnhof Tiefenbrunnen und somit auch wieder die Stadt Zürich. Durchs Seefeld führt der Weg zurück, am Bahnhof Stadelhofen vorbei bis zum Bellevue, der letzten Station der großen Seeumrundung.

FAZIT: EINE EINFACHE, WUNDERSCHÖNE UND LANGE VELOTOUR RUND UM DEN ZÜRICHSEE DURCH DREI KANTONE.

Hin & weg: Prinzipiell kann man überall rund um den Zürichsee gut starten. Mit dem ÖV z. B. beim Bürkliplatz, Bellevue oder Bahnhof Stadelhofen in Zürich. Wer mit dem Auto anreist, kann in Horgen gut parkieren.

Dauer & Strecke: 8–9 Std. Die Strecke um den ganzen Zürichsee beträgt 93,9 km, was einer reinen Fahrzeit von rund 6,5 Std. entspricht (Auf- und Abstieg: 403 m). Abkürzungsmöglichkeiten gibt es beim Seedamm in Rapperswil oder bei der Autofähre von Horgen nach Meilen.

Beste Zeit: Ganzjährig, am schönsten ist die Tour aber im Frühling und Herbst, wenn es nicht zu heiß ist.

Ausrüstung: Fahrrad, Helm, eine Wasserflasche, evtl. etwas Proviant.

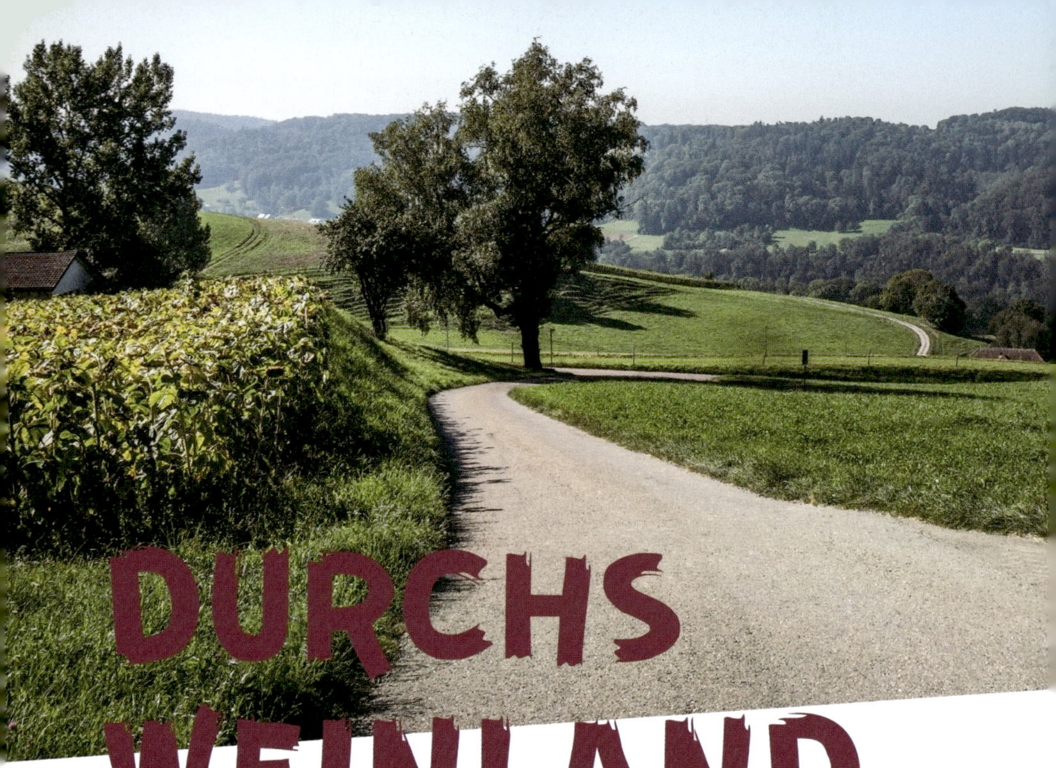

DURCHS WEINLAND

… über den Irchel zur Tössegg

#39

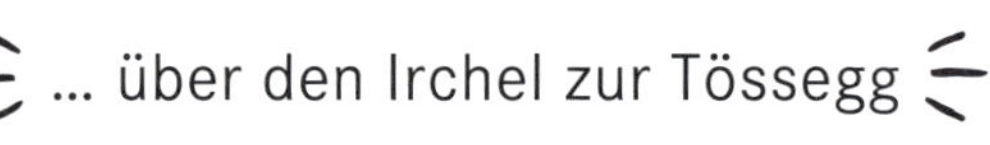

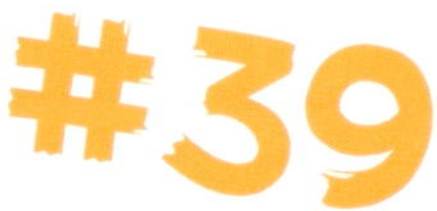

Die vielfältige Wanderung im Zürcher Weinland führt von Buch am Irchel über den Irchelhöhenzug. Dabei erreicht man mehrere tolle Aussichtspunkte. Das Highlight: der Irchelturm mit fantastischer Rundumsicht. Außerdem geht es ins Weindorf Freienstein-Teufen und zur Tössegg.

#aussichtsreich #ZürcherUnterland #Wandernistschön

Die Region um den Irchel wird nicht umsonst auch Weinland genannt.

Im ruhigen, noch sehr ursprünglichen Dörfchen Buch am Irchel beginnt die gemütliche Wanderung über den Irchel. In wenigen Minuten kommt man schon aus dem Dorf, und der Weg führt die Holzgasse entlang, den Berg hoch.

Den Irchelturm bereits vorn im Blickfeld, geht es in den dichten Wald hinein. Noch einmal führt der Weg steil über Treppen nach oben, und nach 20 Minuten Fußmarsch hat man den Irchelturm, welcher auf 694 Metern ü. d. M. liegt, schließlich erreicht.

Der 1983 errichtete Irchelturm ist 63 Meter hoch, wobei sich die Aussichtsplattform auf 28 Meter Höhe befindet. Ein richtig imposantes Konstrukt. Natürlich geht es gleich hoch auf die oberste Plattform, denn der Ausblick ist atemberaubend. Nach 150 Treppenstufen und fünf Zwischenpodesten ist man am höchsten Punkt angekommen.

Vom Turm aus sieht man über das ganze Weinland, Winterthur, auf den Säntis und Schwarzwald bis hin zum Tödi, dem höchsten Gipfel

Wunderschönes Ziel der Wanderung: Die Tössegg, wo die Töss in den Rhein fließt. An diesem idyllischen Ort kann man gut eine Pause einlegen.

der Glarner Alpen. Rund um den Turm befindet sich zudem eine Feuerstelle, und es laden mehrere Sitzbänke zum Verweilen ein. Perfekt für eine kurze Verschnaufpause.

Weiter geht's, den bequemen Höhenweg entlang, durch den Wald. Bei der Abzweigung Rütelbuck lohnt es sich, einen kurzen Abstecher zum Aussichtspunkt zu machen. Auch

Vom Irchelturm aus sieht man über das Weinland. Für diese Aussicht muss man 150 Stufen erklimmen.

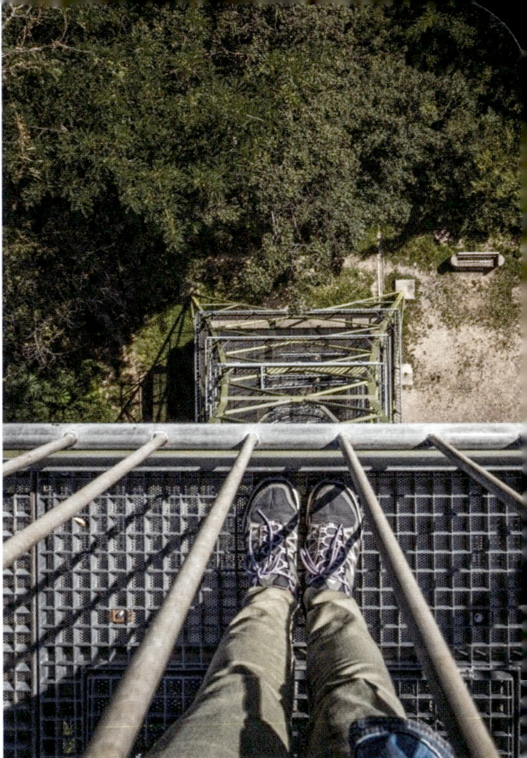

für ein Picknick eignet sich das Plätzchen sehr gut. Dann führt der Waldweg weiter, bis zur Hochwacht. Ein früheres Wächtersystem der Römer, mit Sicht bis nach Zürich. Auch hier bieten sich diverse Bänke und eine große Feuerstelle zur Rast an.

Schließlich kommt man aus dem Wald heraus – und ist in Freienstein-Teufen. Es geht die Dorfstrasse hinunter und an Weingütern, Vinotheken und Rebbergen vorbei. Die Zeugen dafür, dass Freienstein-Teufen mit 33 Hektar die zweitgrößte Rebgemeinde im Kanton Zürich ist. Sie liegt wunderschön eingebettet, entlang der Töss und des Irchels (www.zürcher-wein.ch).

Bei der Tössegg, der letzten Station der Route, mündet die Töss in den Rhein, welcher wiederum im Westen den Irchel abschließt. Ein ganz besonders schöner Ort, umgeben von Schilf, Schwänen und natürlich dem tiefblauen, glatten Wasser der zwei Flüsse. Ein wunderbarer Platz zum Baden, Verweilen und Genießen. Und wenn der Hunger ruft, bietet das Restaurant Tössegg eine herrliche Terrasse mit Blick auf die idyllische Flusslandschaft. Bei dieser Aussicht kann man verschiedene Schweizer Spezialitäten genießen.

Wer möchte, beendet die Tour mit einer gemütlichen Schifffahrt den Rhein entlang, von der Tössegg bis Eglisau, durch steile Rebhänge und geschützte Auenlandschaften. Ansonsten geht es zu Fuß zurück zur nächsten Bushaltestelle in Teufen.

FAZIT: WANDERUNG MIT HÜBSCHEM WEINDORF UND TOLLEN AUSSICHTSPUNKTEN.

Hin & weg: Mit der S12 geht es nach Hettlingen und von da mit Bus 677 bis Oberbuch. Zurück von der Tössegg 1,3 km zu Fuß zur Haltestelle Teufen, Schulhaus, mit Bus 522 bis Embrach-Rorbas, mit der S41 nach Bülach und weiter mit der S9 nach Zürich. Oder man fährt von der Tössegg mit dem Schiff nach Eglisau und von da zurück nach Zürich. Öffentliche Parkplätze in Buch am Irchel und an der Tössegg.

Dauer & Strecke: Reine Wanderzeit rund 2,5 Std., Strecke: 8,9 km, Aufstieg: 177 m, Abstieg: 366 m.

Beste Zeit: Ganzjährig, besonders schön ist es aber gegen Herbst, vor oder während der Weinlese.

Ausrüstung: Bequeme Schuhe, Wasser, Proviant.

AUF ALTEN PFADEN

… von Wetzikon nach Bäretswil

Eine Wanderung der etwas anderen Art: Der Industrielehrpfad Zürcher Oberland führt in drei Etappen an einer Fülle von historischen Handwerks- und Industrieanlagen vorbei. Die zweite Etappe von Wetzikon nach Bäretswil ist nicht nur lehrreich, sondern verläuft auch wunderschön durch die Natur.

#tempipassati #Industrialisierung #lernenundwandern

Ein Highlight im Kemptnertobel ist definitiv der imposante Wasserfall Grosser Giessen.

Im Zürcher Oberland erzählt ein Lehrpfad von der Gründungszeit der Industrialisierung. Der in drei Etappen unterteilte Weg, welcher insgesamt über 30 Kilometer von Uster bis Bauma verläuft, ist aber nicht nur spannend, sondern auch richtig schön. Die idyllischste der drei Etappen führt dabei von Wetzikon nach Bäretswil.

Vom Bahnhof Wetzikon folgt man dem grünen Wegweiser mit der Aufschrift Industriepfad Zürcher Oberland. Das erste Stück führt die Hauptstraße entlang, bis man rechts in die Haldenstrasse abbiegt. Gleich geht es erneut rechts, am pinken Flamingo vorbei, mitten durch die bunte Kulturfabrik Wetzikon, die auf dieser Etappe das erste Objekt ist und auf das 16. Jahrhundert zurückgeht. Die einstige Mühle und Hammerschmiede wurde ab 1863 zur Gießerei mit Villa und Turbinenhaus umfunktioniert. Nach der Gießereistilllegung 1971 richtete sich 1980 die Kulturfabrik hier ein.

Eine Wanderung voller Überraschungen: Plötzlich steht eine geschnitzte Eule am Wegrand!

Etwas weiter, beim Schönau Weiher, kann man sich über die Fabrik des Spekulanten Nägel informieren, wo sich u. a. einst die Spinnerei Schönau, ein Baumwolllagerhaus von 1973, befand. Danach geht es bei der 1530 erstmals erwähnten Stegmühle auf der rechten Seite den Aabach entlang. Schon bald gelangt man mitten ins Grüne und steht im Naturschutzgebiet Pfäffikersee.

Ein idyllischer, flacher Weg führt mitten durchs Naturschutzgebiet in Richtung Kempten. An einer Kreuzung kann man den Pfäffikersee von Weitem erspähen, und wer möchte, macht hier einen Abstecher an den See. Ansonsten geht es gleich weiter, immer geradeaus.

Schließlich erreicht man wieder bewohntes Gebiet und kommt an einem weiteren Objekt des Lehrpfads vorbei, der Fabrik Im Chratten am Chämtnerbach. Eine typische Weberei der zweiten Hälfte des 19. Jahrhunderts. Weiter geht's, den Bach entlang. Immer wieder erfährt man auf Infotafeln allerlei Wissenswertes über die Industriebauten der Region. Wie beispielsweise beim Standort Nummer 35, wo man lesen kann, wie es ums Wasserrecht steht.

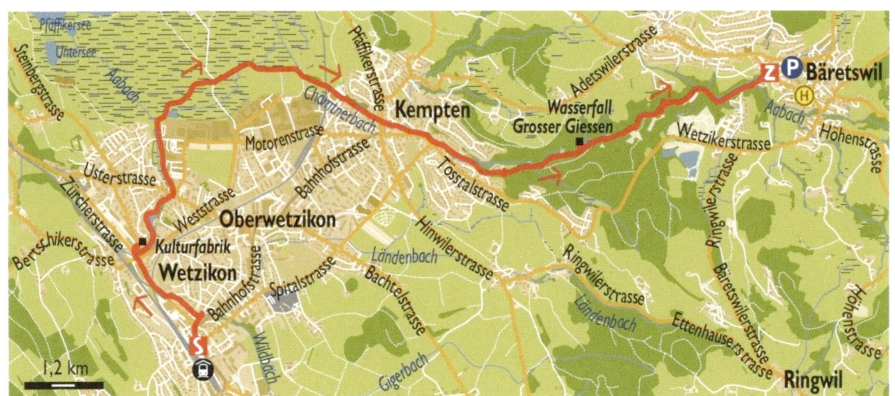

Neu versus Alt: Auf dem Industrielehrpfad gibt es von der alten Fabrik bis zum pinken Flamingo allerlei zu entdecken.

Schließlich führt der Lehrpfad durchs Kemptnertobel, und es eröffnet sich nochmals eine komplett andere Landschaft. Bei der Galerie Kemptnertobel kommt man in den Wald hinein. Den plätschernden Chämtnerbach entlang, vorbei an Grillstelle und Holzskulpturen, geht es bis zum wunderschönen Wasserfall Grosser Giessen. Hier zeigt sich die gletschergeformte Landschaft von ihrer spektakulärsten Seite, und an warmen Tagen kann man sich beim Wasserfall wunderbar abkühlen.

An Turmruinen und einem Weiher vorbei, führt der Weg allmählich wieder aus dem Wald heraus, und man befindet sich im ländlichen Bäretswil, dem Ende der zweiten Etappe. Wer möchte, wandert noch eine Stunde weiter bis Bauma. Ansonsten geht es hier mit dem Bus zurück nach Wetzikon.

FAZIT: SPANNENDE UND GLEICHZEITIG NATURVERBUNDENE WANDERUNG IM ZÜRCHER OBERLAND.

Hin & weg: Mit der S5 von Zürich bis Wetzikon (21 Min.). Zurück mit Bus 850, 851 von Bäretswil, Bärenplatz bis Wetzikon Bahnhof und von da mit der S-Bahn nach Zürich. Großer Parkplatz am Bahnhof Wetzikon.

Dauer & Strecke: Die relativ flache Wanderung dauert rund 2 Std., Strecke: 14 km. Da es unterwegs viel zu lesen und bestaunen gibt, sollten mind. 4 Std. eingeplant werden. Dies ist die 2. von 3 Etappen. Die ganze Strecke von Uster bis Bauma ist 30 km lang.

Beste Zeit: Ganzjährig. Weitere Infos unter www.industrielehrpfad-zo.ch

Ausrüstung: Bequeme Schuhe, Wasser und ganz viel Wissensdurst.

WENN DIE BLÄTTER FALLEN

… auf dem Loorenkopfweg über den Adlisberg

Im Herbst versprühen die Wälder einen ganz besonderen Zauber. Perfekt für eine wunderschöne Herbstwanderung am Stadtrand von Zürich! Durch den farbenfrohen Herbstwald geht es von Fällanden über den Adlisberg, immer den Loorenkopfweg entlang, bis man schließlich beim Rigiblick in Zürich anlangt.

#Zauberwald #Herbstgefühle #wandernamStadtrand #Herbstlicht

Blick auf die Landschaft vom komplett aus Holz gebauten Loorenkopfturm. Im Herbst erzeugen die Farben immer eine besondere Atmosphäre.

Die Herbstwanderung beginnt im idyllischen Fällanden, unweit vom Greifensee entfernt. Vom Gemeindehaus Fällanden geht es gleich leicht den Berg hoch, beim Kreisel geradeaus weiter, bis der Wanderwegweiser schließlich links in den Wald führt. Nach ein paar Schritten über eine kleine Holzbrücke steht man auch schon im farbenfrohen Herbstwald.

Begleitet von raschelndem Laub, führt der Weg durch das Jörentobel, wo man zahlreiche Findlinge aus den Glarner Alpen entdeckt.

Goldene Sonne und goldener Herbstwald:
»Hach Herbst, bist du schön!«

Dabei handelt es sich übrigens um den größten Findlingsschwarm im Kanton Zürich! Nach rund 40 Minuten verlässt das Weglein das Tobel und führt durch die Wohnsiedlung von Pfaffhausen, bis man schließlich wieder in den Wald gelangt. Der Pfad ist stets gut sichtbar mit gelben Pfeilen markiert.

Weiter geht's durch den lauschigen Wald. Über den Pfaffhauserweg kommt man schließlich zum Loorenkopf am Ende des Adlisbergs. Dort bietet der 33 Meter hohe, aus Holz gebaute Loorenkopfturm, welchen man über 152 Stufen erreicht, eine wunderbare Rundsicht ins Zürcher Oberland, in das Glattal und bei guter Sicht bis in die Berner und Glarner Alpen. 1954 wurde der Turm erbaut; bis heute ist er ein Highlight einer Wanderung über den Adlisberg. Im Herbst ist zudem der Blick über den orange und gelb leuchtenden Wald, der einem von der relativ großen Aussichtsplattform aus zu Füßen liegt, einfach atemberaubend. Unten wieder angekommen, laden eine schöne Grillstelle und verschiedene Sitzgelegenheiten zum Verweilen und Genießen ein.

Hin & weg: Bus 743 ab Stettbach bis Fällanden Gemeindehaus. Für die Abkürzung nimmt man Tram 6 ab Zürich Zoo. Vom Rigiblick geht es mit der Standseilbahn Rigiblick zurück in die Stadt.

Dauer & Strecke: Die leichte Wanderung dauert rund 3 Std., Strecke: 10,3 km, Aufstieg: 340 m, Abstieg: 200 m.

Beste Zeit: Ganzjährig, besonders schön ist die Wanderung jedoch im goldenen Herbst.

Ausrüstung: Feste Schuhe, genug zu trinken, evtl. etwas Proviant.

Dann geht es weiter, den teilweise flach und teils bergab verlaufenden Wanderweg entlang, bis man bei der Sportanlage Fluntern und damit beim Zoo Zürich ankommt. Wer viel Zeit hat, kann einen Abstecher in den Zoo machen. Oder man kürzt die Wanderung ab und nimmt das Tram zurück in die Stadt. Ansonsten läuft man weiter durch den Zürichbergwald, bis man zum Rigiblick kommt. Zum Ende der Wanderung wird man mit einer herrlichen Aussicht über die Stadt und den Zürichsee belohnt. Wer möchte, gönnt sich ein Stück Kuchen im Bistro Rigiblick, bevor es mit der Rigiblick-Bahn zurück nach Zürich geht.

FAZIT: TRAUMHAFTE HERBSTWANDERUNG ÜBER DEN FARBENFROHEN ADLISBERG, MIT HALT BEIM AUSSICHTSTURM LOORENKOPF.

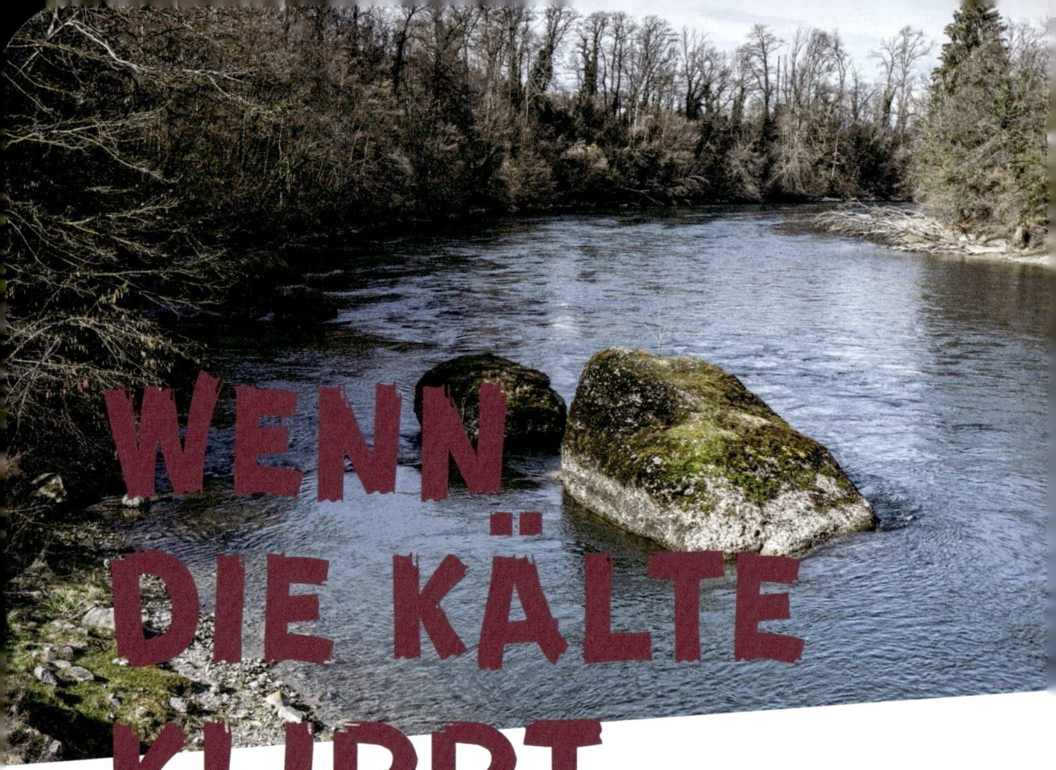

WENN DIE KÄLTE KLIRRT

... an der Reuss bis Bremgarten

#42

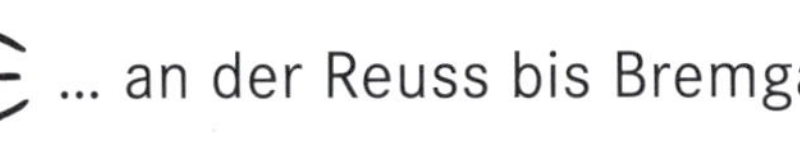

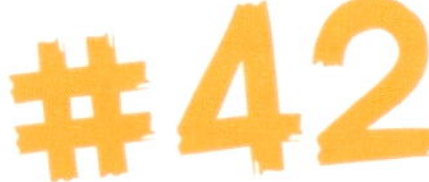

Auch ohne Schnee kann eine Winterwanderung herrlich sein. Besonders schön ist es die Reuss entlang, im Gnadenthal. Eine entspannte Flusswanderung führt von Mellingen bis nach Bremgarten, mit Eindrücken aus der Natur und den vergangenen Zeiten der Habsburger.

#vergangeneZeiten #dieReussentlang #Mittelalter #Winterwanderung

Nur 30 Kilometer von Zürich entfernt, befindet sich an der Reuss das habsburgische Städtchen Mellingen. Von hier aus säumt sich ein idyllischer Weg durch das Auengebiet und Gnadenthal, bis man schließlich im malerischen Bremgarten ankommt.

Die Winterwanderung startet in Mellingen, an der sich windenden Reuss. Der Weg führt immerfort das rechte Flussufer entlang. Auch wenn im Winter mal kein Schnee liegt und die Bäume alle ihre Blätter abgeworfen haben, ist der Weg richtig idyllisch. Denn die Flusswanderung steht ganz im Zeichen der beeindruckenden Reuss.

Zunächst geht es durch das Waldreservat Risi, welches übrigens seit 1969 von der ETH Zürich auch zu Forschungszwecken genutzt wird. Über Felder und durch Wälder führt der Weg bis zum Kloster Gnadenthal, das heute ein Pflegezentrum ist. Hier findet man auch ein Tier-

Auf der Wanderung die Reuss entlang und durch den Wald gibt es einiges zu sehen und zu entdecken.

gehege, verschiedene Gärten und das hübsche Restaurant Gnadenthal, wo man sich bei einem heißen Tee wunderbar die Finger aufwärmen kann (www.restaurant-gnadenthal.ch).

Weiter geht's, immerfort das Flussufer entlang. Vorbei an verschiedenen Feuerstellen und beeindruckender, naturbelassener Flusslandschaft, wo unterschiedliche Tier- und Pflanzenarten im Gnadenthal ein Zuhause gefunden haben.

Auf der fünften Etappe des Aargauer Wegs geht es weiter bis zur Eggenwiler Reussschlaufe. Eine außergewöhnliche Auenlandschaft, deren Größe 13 Fußballfeldern entspricht. Falls man hier einzigartige Spuren an den Bäumen entdeckt: Einige Biber haben sich in diesem Bereich angesiedelt!

Allmählich erreicht man das mittelalterliche Städtchen Bremgarten, wo es zuerst zur alten Holzbrücke geht, von der man einen herrlichen Ausblick auf das obere Wehr hat. Danach wird die kleine, aber feine, rund 8000 Einwohner große Gemeinde noch ein wenig

---

Hin & weg: Von Zürich mit der S11 bis Mellingen Heitersberg (25 Min.). Von da mit Bus 332 bis Mellingen Krone.

Dauer & Strecke: 6–8 Std. Die reine Wanderzeit beträgt 3 Std. 35 Min., Strecke: 14 km. Am Ende Zeit für Bremgarten einplanen. Im Dezember darf man den Christkindlimärt dort nicht verpassen.

Beste Zeit: Ganzjährig, besonders friedlich ist es aber im Winter, wenn man den Uferweg fast für sich alleine hat.

Ausrüstung: Bequeme Schuhe, warme Kleidung und ganz viel gute Laune.

Traumhafter Blick auf die Altstadt, die auf drei Seiten von der Reuss umschlossen ist. Bremgarten ist schön!

erkundet. Denn Bremgarten gehört zu den schönsten Ortschaften im Aargau!

Bremgarten ist von drei Seiten von der Reuss umschlossen. Man findet hier zahlreiche malerische Häuser, deren Bau bis ins Mittelalter zurückreicht. Bekannt ist Bremgarten übrigens für seinen Christkindlimärt im Dezember! Die wunderschön beleuchteten Gassen erzeugen dann eine besondere Stimmung. Es lohnt sich also, eine Wanderung so zu planen, dass man sie mit einem Glühwein gebührend beenden kann (www.weihnachtsmarkt.ch).

FAZIT: EINE WINTERLICHE, RICHTIG GEMÜTLICHE FLUSSWANDERUNG, GANZ IM ZEICHEN DER HABSBURGER.

3. KAPITEL MINIURLAUB

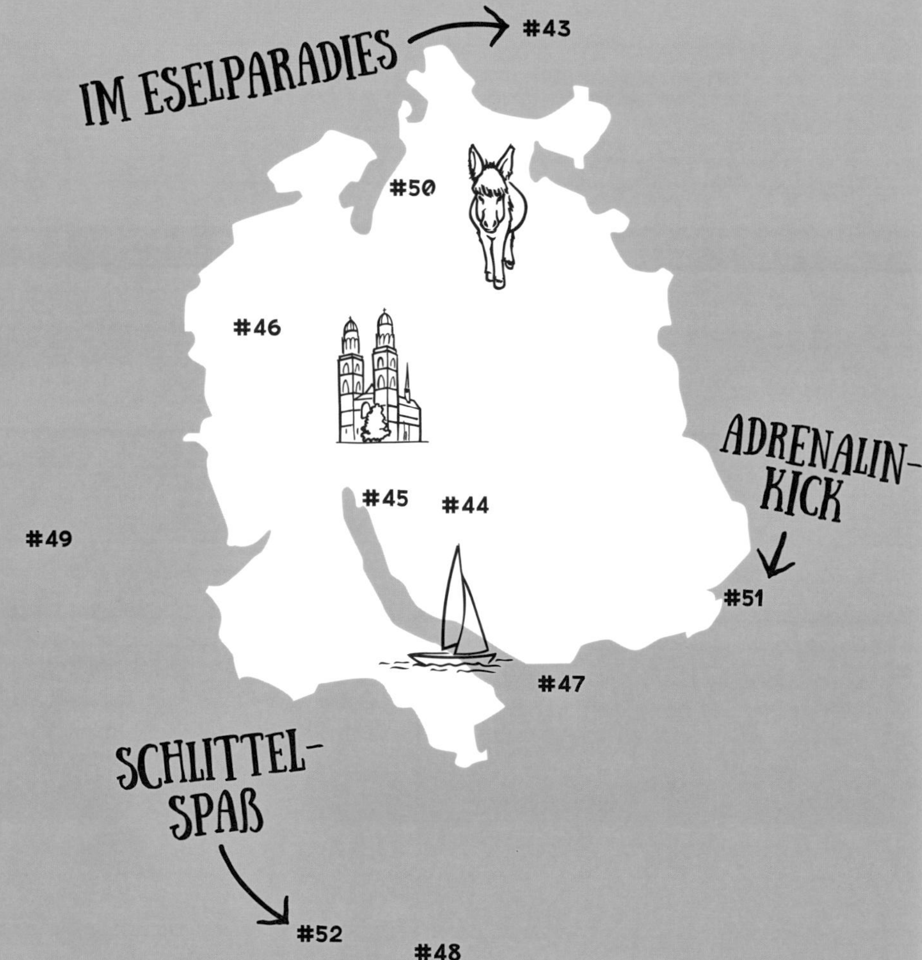

Ferien für ein Wochenende

Seen, Flüsse und Berge. Was braucht es mehr für ein gelungenes Wochenendabenteuer? Und das alles direkt vor der Haustür!

36H

#43 ... auf dem Eselhof in Buch — Seite 182
#44 ... am Greifensee — Seite 186
#45 ... mit dem Tram durch Zürich — Seite 190
#46 ... von Regensberg bis Baden — Seite 194
#47 ... auf der Insel Lützelau — Seite 198
#48 ... von Stoos auf den Fronalpstock — Seite 202
#49 ... am Hallwilersee — Seite 206
#50 ... im Zürcher Weinland — Seite 210
#51 ... auf dem Atzmännig — Seite 214
#52 ... auf der Rigi in der Zentralschweiz — Seite 218

IM ESEL-PARADIES

#43

Ein Wochenende auf dem Eselhof Säge fühlt sich an, als hätte man eine Woche Ferien gehabt: Erholung pur bekommt hier eine ganz neue Bedeutung! Die Natur, der Bauernhof, die vielen Tiere und natürlich die besonnenen Esel tragen dazu bei, dass man nach dem Miniurlaub am liebsten bleiben möchte.

#Eseltrekking #Tierliebe #Hofleben

Im Frühling blühen rund um Buch zahlreiche Rapsfelder in herrlichem Gelb.

Was gibt es Schöneres, als ein ganzes Wochenende mit Tieren in der Natur zu verbringen? Genau das kann man auf dem Eselhof Säge im schaffhausischen Buch, ganz in der Nähe der deutschen Grenze, erleben. Eine wunderbare Erfahrung für Groß und Klein. Mit dem einzigen Problem: Einmal da, will man danach fast nicht mehr nach Hause!

Wer Tiere liebt, ist hier im Paradies. Denn der Eselhof Säge der sympathischen Familie Fisch ist nicht nur eine Bed-&-Breakfast-Herberge, hier kann man auch das ganze Wochenende unter Hasen, Hühnern, Ziegen, Katzen und natürlich Eseln verbringen. Und als wäre das nicht schon genug, ist der Hof auch noch traumhaft schön im Grünen gelegen!

Die Besitzer Natalie und Stefan, welche mit ihren Kindern auf dem Hof leben, haben ein richtiges kleines Paradies geschaffen. Nicht nur der von Stefan selbst umgebaute Gästebereich mit einem Vierbettzimmer sowie Schlafgelegenheiten im Stroh ist mit viel Liebe zum Detail eingerichtet. Auch der Garten ist eine Augenweide.

Aber die eigentlichen Stars sind natürlich die wunderschönen Esel, welche hier leben. Wenn man auf dem Eselhof Säge übernachtet, darf man diese streicheln, soviel man möchte oder solange die Esel möchten.

Etwas Besonderes sind die Eseltrekkingtouren, die angeboten werden. Dabei werden zuerst gemeinsam die Tiere angebunden, geputzt und je nach Bedarf auch gesattelt (Kinder bis 30 Kilogramm dürfen auf ihnen reiten), bevor es dann durchs Dorf und die Felder geht. Fütterung mit Boxenstopp für die Eselchen selbstverständlich inklusive. Dabei erzählt Stefan gern aus dem Schatzkästchen eines Eselhofbesitzers, und man lernt vieles über diese gemütlichen, liebevollen Tiere.

Je nach Tour ist man nach 1,5 oder 3,5 Stunden wieder zurück auf dem Hof. Zeit, um die Ruhe der Natur zu genießen und sich in den schönen Garten zu setzen. Hier stehen Tische und Liegestühle bereit, und für die Kinder gibt es einen Spielplatz. Oder man besucht die kleinen Hasen, Hühner oder Zicklein! Ja, auf so einem Hof wird es einem nicht langweilig, und wer Erholung sucht, ist in Buch genau richtig. Die Erlebnisse hier sind zwar nicht unbedingt spektakulär, dafür kann man sehr gut entschleunigen.

Nach dem Spaziergang wird mit den Eseln gekuschelt, bevor man den Abend im gemütlichen Gästebereich ausklingen lässt.

Hin & weg: Mit dem Zug von Zürich bis Schaffhausen (38 Min.) und von da mit Bus 25 bis Buch SH (25 Min.). Die Haltestelle befindet sich gleich vor dem Hof. Mit dem Auto in 1 Std. ab Zürich erreichbar, Parkplatz vorhanden.

Dauer: 2 Tage.

Beste Zeit: Besonders toll in den warmen Monaten, wenn man den Garten des Eselhofs genießen kann.

Ausrüstung: Bequeme Schuhe, Kleidung, welche auch etwas schmutzig werden darf, und, wenn nötig, ein Regenschutz. Ansonsten wird Gästen alles zur Verfügung gestellt, was man braucht.

Wenn es Nacht wird: Bed & Breakfast auf dem Eselhof Säge: Schlafen im Stroh oder im Vierbettzimmer in der urchigen, toll umgebauten Scheune (www.eselhof-saege.ch).

FAZIT: NACH EINEM WOCHENENDE AUF DEM ESELHOF FÜHLT MAN SICH SO ERHOLT WIE NACH EINER WOCHE FERIEN!

EINMAL TIEF DURCH-ATMEN

Lust auf Sport, Erholung und traumhaft schöne Sonnenuntergänge? Und dann noch mitten in der Natur aufwachen? Das alles kann man am Greifensee, nur 18 Kilometer von Zürich entfernt, erleben. Als wäre das nicht schon genug, befindet man sich dabei mitten im Naturschutzgebiet!

#Naturpur #Sonnenuntergangsliebe #Camping #Greifensee

Ein Wochenende am Seeufer des Greifensees, nicht weit vom Trubel der Stadt entfernt. So nah bei Zürich lässt es sich sonst kaum derart naturverbunden und gut entspannen wie hier. Doch wer jetzt denkt, dass am Greifensee nur baden angesagt ist, irrt! Der See ist nämlich ein kleines Paradies für Biker, Inlineskater und Stand-up-Paddler. Und natürlich auch für alle, die lieber zu Fuß unterwegs sind.

Ausgerüstet mit Zelt und Schlafsack, startet der Miniurlaub an einem von drei Campingplätzen in der Gemeinde Maur. Alle liegen gleich beim See. Das Besondere: So privilegiert und nah am See kann sonst kaum jemand schlafen. Denn das Seeufer des Greifensees liegt unter Naturschutz und ist unverbaut. Natur pur! Die Landschaft um den Greifensee ist besonders wertvoll und wird deshalb geschützt.

Am liebsten möchte man sich nach dem Aufschlagen des Zeltes eine Runde in die Sonne legen, doch das will erst verdient sein! Also los geht's, den See erkunden. Das Ziel: den Greifensee einmal umrunden. Eine tolle Variante dafür ist, sich die Inlineskates anzuschnallen. Natürlich kann man die rund 18 Kilometer aber auch zu Fuß (dauert 5–6 Stunden) oder mit dem Fahrrad zurücklegen. Hauptsache, man vergisst die Badesachen nicht!

Es geht vorbei an wunderschönen Riedwiesen und naturbelassenen Ufern. Dabei lohnt es sich, auch mal in die Bäume zu schauen, denn die Vogelwelt ist hier zahlreich vertreten!

Wird es doch zu warm, laden verschiedene Badeplätze ein, ins kühle Nass zu springen. Auf halber Strecke, in Nideruster, befindet sich ein

Egal, ob zu Fuß, mit dem Fahrrad oder mit den Inlineskates – eine Runde um den Greifensee lässt einen so richtig in die Natur eintauchen.

besonders schöner Uferweg mit Grillstellen und Liegewiesen. Hier erfolgt die wohlverdiente Abkühlung im See. Für den kleinen Hunger bietet sich die Sonnenterrasse im 8610 am See neben dem Schiffssteg an (www.8610amsee.ch). Danach geht es weiter, zurück nach Maur.

Übrigens: Wenn man auf halber Strecke um den See nicht mehr mag, kann man mit dem kleinen Kursschiff Heimat auch ruckzuck abkürzen. Dieses ist regelmäßig auf dem Kurs Maur–Nideruster–Maur unterwegs und ermöglicht es, in wenigen Minuten auf die andere Seeseite zu kommen.

Mit etwas Wetterglück kann man am zweitgrößten See im Kanton Zürich außerdem die schönsten Sonnenuntergänge beobachten. Die Abendstunden sind somit reserviert, um mit einem Getränk am See zu sitzen und die Stimmung zu genießen.

Hin & weg: Vom Bahnhofplatz Zürich in 20 Min. mit Bus 31 bis Carl-Spitteler-Strasse und von dort mit Bus 701 in 17 Min. bis Maur, See. Verschiedene Parkplätze rund um den Greifensee.

Dauer & Strecke: 2 Tage kann man wunderbar am Greifensee verbringen. Die Strecke einmal rund um den See beträgt 18,1 km.

Beste Zeit: Frühling und Sommer, am besten unter der Woche, da es am Wochenende schnell sehr voll werden kann!

Ausrüstung: Campingausrüstung, Badesachen, etwas Proviant und Inlineskates.

Wenn es Nacht wird: Naturfreunde Zeltplatz (www.nf-zeltplatz.ch), Campingplatz Maurholz (www.camping-maurholz.ch) oder Campingplatz Rausenbach (www.camping-rausenbach.jimdo.com), allesamt in Maur direkt am See gelegen.

Am nächsten Tag wird einfach nur relaxt. Am See picknicken, schwimmen, am Ufer liegen und ein gutes Buch lesen oder mit einem SUP über den See gleiten – besser kann der Abschluss dieser Miniferien nicht sein! Beim Strandbad Maur können Stand-up-Paddle-Boards auf Stundenbasis gemietet werden. Eine tolle Möglichkeit, den wunderschönen Greifensee nochmals aus einer anderen Perspektive zu erleben. Nach zwei Tagen komplett in der Natur und mit viel sportlicher Betätigung kehrt man erholt und entspannt in die Stadt Zürich zurück.

FAZIT: ZWEI TAGE IM NATURSCHUTZGEBIET AN EINEM DER SCHÖNSTEN SEEN IM RAUM ZÜRICH. BESSER GEHT ES NICHT!

STADT-TRIP AUF SCHIENEN

... mit dem Tram kreuz und quer durch Zürich 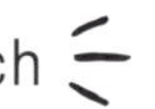

Das Tram ist aus dem Stadtbild Zürichs nicht wegzudenken. Es ist nicht nur praktisch, sondern auch ein herrlicher Weg, Zürich ein Wochenende lang zu erkunden. Dabei entdeckt man unerwartet viele Grünflächen und Orte, an denen sich nur die Locals aufhalten.

#mittendrinzuHause #Tramfahrenistschön #Kalki #wiedieLocals

Das beliebteste Verkehrsmittel der Zürcher? Das Tram! Bequem gelangt man so durch die Stadt und kann dabei prima ins Leben der Zürcher eintauchen. Am ersten Tag steht eine erlebnisreiche Tour im 2er-Tram auf dem Programm. Es geht quer durch die Stadt, vom Bahnhof Tiefenbrunnen bis Altstetten.

Schon die Haltestelle Tiefenbrunnen ist wunderbar am See gelegen und bietet einen Ausblick bis ans gegenüberliegende Ufer. An heißen Tagen kann man sich außerdem im Strandbad Tiefenbrunnen abkühlen. Von da fährt man mit dem 2er-Tram erstmals quer durchs Seefeld bis zur Haltestelle Opernhaus. Hier gibt es einen Abstecher zu dem Stadelhoferplatz, dem eindrücklichen Bellevueplatz und zu der belebten Seepromenade.

Das 2er fährt schließlich am Bellevueplatz vorbei, weiter bis zum Bürkliplatz. Jeweils Dienstag- und Freitagmorgen findet hier ein farbenfroher Markt statt.

Weiter geht's, über den Paradeplatz bis zur Haltestelle Sihlstrasse. Hier liegt zwischen alten Gebäuden, Banken und Geschäften eine grüne Oase: der Alte Botanische Garten (Talstrasse 71). Ein Geheimtipp. Denn obwohl der Park zentral liegt, kennen ihn viele nicht.

Nach der Nacht in der Kalkbreite gibt es ein leckeres Frühstück im nahe gelegenen Café Bebek.

Das 2er fährt weiter bis zum Stauffacher. Hier gibt es einen Abstecher an den Helvetiaplatz, gefolgt von einer Stärkung im Restaurant IKOO Japanese Noodle Soups (Bäckerstrasse 37). Dann geht es nach Wiedikon, bis zur Zypressenstrasse. Links befindet sich die Fritschiwiese mit dem stylishen Café Z am Park, ideal für eine Kaffeepause, und dahinter der Friedhof Sihlfeld, der zu einem Spaziergang einlädt.

Dann geht es zurück zur Badenerstrasse, bis zum Bullingerhof. Eine große Grünfläche mit Spielplatz. Weiter zwischen den Häusern hindurch, bis zum Hardaupark. Das Highlight: Sobald man den Park betritt, ist das 16 Meter hohe Kunstwerk »Y«, eine Steinschleuder, nicht zu übersehen! Diese stellt einerseits ein Denkmal dar, kann andererseits aber auch als normale Schaukel genutzt werden.

Es geht weiter bis nach Altstetten. Fußballfans steigen beim Stadion Letzigrund aus und drehen eine Runde, alle anderen fahren weiter bis zur Endhaltestelle Farbhof. Mit dem 2er geht es schließlich zurück zur Haltestelle Kalkbreite, wo sich die Pension Kalkbreite befindet. Das Zuhause für eine Nacht, mitten unter Einheimischen. Denn die Pension ist Teil eines Gebäudes, in dem rund 250 Menschen in Genossenschaftswohnungen leben.

Die Zimmer sind schlicht, modern, und auch hier ist das Tram in Form von Schildern allgegenwärtig. Denn das Tramdepot befindet sich im selben Gebäudekomplex. Am nächsten Morgen wird im fünf Meter hohen Café Bebek gemütlich gefrühstückt (nicht inklusive), und es werden Pläne für den nächsten Tag geschmiedet. Der Plan lautet: sich treiben

Etwas ungewöhnlich, aber sehenswert: der Friedhof Sihlfeld, ein Ort der Besonnenheit, mitten im Trubel der Stadt.

lassen, spontan durch die Stadt. In das Tram ein- und aussteigen, wo auch immer es einem gefällt. Denn manchmal ist es doch auch ganz schön, einfach keinen Plan zu haben.

FAZIT: WIE DIE LOCALS MIT DEM TRAM DURCH ZÜRICH UND NEUES ENTDECKEN!

Hin & weg: Mit der S16 oder S6 von Zürich Hauptbahnhof in 6 Min. bis Bahnhof Tiefenbrunnen.

Dauer: 2–3 Tage. Die Tramtour kann man beliebig lang ausweiten. Die reine Fahrzeit mit dem 2er von Tiefenbrunnen bis Farbhof beträgt 33 Min.

Beste Zeit: Ganzjährig, besonders schön ist es in der Stadt Zürich aber im Sommer.

Ausrüstung: Fotokamera, alles, was man zum Übernachten so braucht.

Wenn es Nacht wird: Die Pension Kalkbreite mit elf individuell eingerichteten Zimmern liegt beim Tramdepot und in der Genossenschaft Kalkbreite, tolles Preis-Leistungs-Verhältnis (Kalkbreitestrasse 6, 8003 Zürich, www.pension-kalkbreite.net).

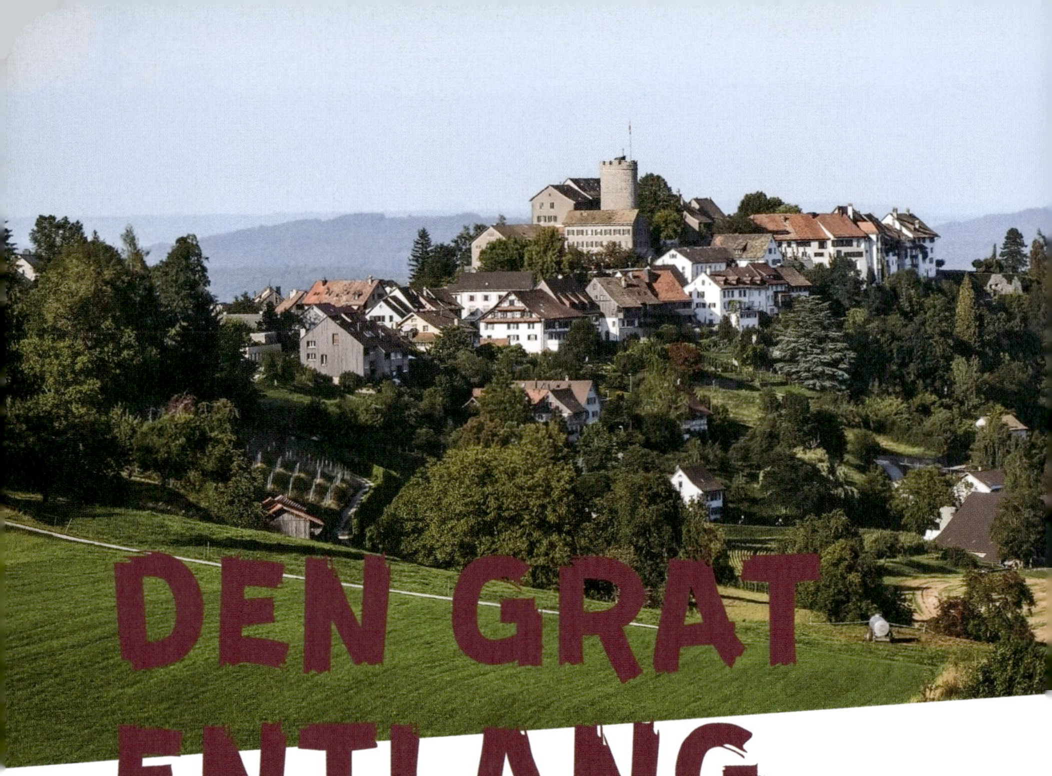

DEN GRAT ENTLANG

… über die Lägern von Regensberg bis Baden

#46

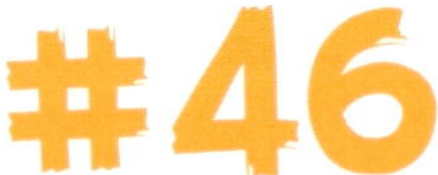

Eine Gratwanderung mit Aussichten, ein Dorf wie im Märchen und eine herrliche Bäderstadt an der Limmat. Wenn das nicht nach einem tollen Wochenende klingt! Das alles findet man unweit von Zürich. Start ist in Regensberg, von wo eine imposante Wanderung bis nach Baden führt.

#Gratwanderung #Aargau #BadeninBaden #überStockundStein

→ Miniurlaub ...

Ein Teil der Wanderung führt durch einen lauschigen, idyllischen Wald.

Nicht weit von Zürich entfernt liegt das klitzekleine Dörfchen Regensberg. Eine Ortschaft, wie aus dem Märchenbuch entsprungen. Historische Häuser, ein romantisches Schlösschen, und das alles eng beieinander auf einem kleinen Hügel. Dazu noch mit einem wunderbaren Ausblick über das Zürcher Unterland. Ja, ein Besuch in Regensberg lohnt sich.

Erst einmal wird das Dörfchen erkundet, bevor die Wanderung über die Lägern bis Baden beginnt. Wenn Regensberg im Rücken liegt, wird nach rechts abgebogen. Von hier geht es zunächst durch einen prächtigen Wald, welcher stetig hinaufführt. Nach rund einer Stunde kommt man an der unübersehbaren Radarstation Lägern auf 842 Metern vorbei. Diese dient der Vermessung und Ortung des Flugverkehrs. Geht man noch zehn Minuten weiter, erreicht man schließlich das Restaurant Lägern Hochwacht für eine kleine Rast (www.laegern-hochwacht.ch). Die letzte Möglichkeit, einzukehren, bis man Baden erreicht.

Schließlich ist die Lägern, ein schmaler Höhenrücken, erreicht, und der Wanderweg wird allmählich zum schmalen, felsigen Bergweg. Doch das ist erst der Anfang! Nach einiger

Vom Wald in die Stadt: Am Ende der Wanderung über den Höhenrücken gibt es zur Belohnung einen tollen Blick über die Stadt Baden.

Zeit muss man sich entscheiden: Wer schwindelfrei ist, nimmt den Gratweg in Richtung Lägernsattel in Angriff, welcher über schräge Felsen führt und unbedingt Trittsicherheit verlangt (weniger geeignet für Kinder und Hunde). Ein Hinweisschild mit den Zeilen »Exponierter Weg« lässt dies bereits erahnen. Tatsächlich geht es links und rechts zuweilen ungeschützt steil nach unten. Wer es bequemer mag, biegt links ab in Richtung Baden. Der Weg hier ist

Hier geht es steil zu: Die Gratwanderung ist nicht zu unterschätzen. Eine gewisse Wandererfahrung sollte man mitbringen.

nicht weniger schön, für eine gemütliche Wanderung aber sicher die bessere Wahl. Nur auf noch mehr Weitblick muss man verzichten.

Hier soll der gemütliche Weg vorgestellt werden. Es geht durch einen ruhigen Wald, bis man schließlich oberhalb von Wettingen am Waldrand anlangt. An Weinreben vorbei, erreicht man allmählich das Restaurant Schartenfels, von wo aus man einen wunderschönen Blick auf die Stadt Baden genießt. Nun ist es nicht mehr weit, und man steht mitten in der Stadt.

Den Abend lässt man gemütlich in Baden ausklingen. In der unkomplizierten Triebguet Frischluftbar (www.frischluftbar.ch) wird mit einem kühlen Getränk angestoßen, und im Restaurant Hirschli (www.hirschli.ch) gibt es dann das wohlverdiente Znacht (Abendessen).

Hin & weg: Mit der S15 von Zürich bis Dielsdorf und weiter mit Bus 539 bis Regensberg Hirsmühle (total 37 Min.). Parkplätze sind vorhanden.

Dauer & Strecke: 2 Tage. Für die Wanderung sollte man mind. 5 Std. einplanen. Die reine Wanderzeit beträgt 3,5–4 Std., Strecke: 12,4 km, Aufstieg: 243 m, Abstieg: 493 m.

Beste Zeit: Von April–November. Die Gratwanderung sollte aber unbedingt nur bei trockenen Bedingungen gemacht werden, da sonst Rutschgefahr besteht.

Ausrüstung: Wanderschuhe, Proviant und genug Wasser für die Wanderung, Sonnenschutz, das Nötigste für die Übernachtung.

Wenn es Nacht wird: Jugendherberge Baden, ausgebauter früherer Rossstall (Kanalstrasse 7, Baden, www.youthhostel.ch) oder farbenfrohe, kleine Pension Frau Meise (www.fraumeise.ch).

Der nächste Tag wird ganz der Stadt gewidmet. Die Bäderstadt Baden ist zwar nicht groß, doch man findet hier viele lauschige Ecken. Besonders schön ist es in der Altstadt, rund um den Stadtturm (bis 1985 das Bezirksgefängnis) sowie die Limmat entlang. Einen Abstecher zur Ruine Stein auf dem Schlossberg lässt einen das Städtchen zudem nochmals von oben begutachten. Natürlich ist ein Besuch in einem der vielen Thermalbäder ein Muss. Denn dafür ist Baden bekannt! Schon die Römer schätzten die Thermalquellen hier.

FAZIT: EINE IMPOSANTE GRATWANDERUNG ÜBER DIE LÄGERN MIT EINBLICK IN EIN SCHMUCKES DORF UND EINE KLEINE, MALERISCHE BÄDERSTADT.

REIF FÜR DIE INSEL

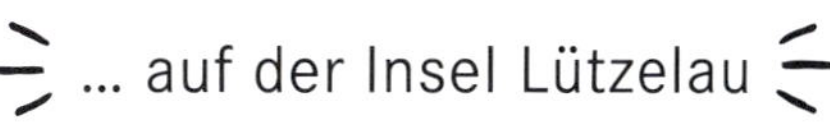

Die Insel Lützelau ist noch ein Geheimtipp. Die Perle im Zürichsee, komplett im Naturschutzgebiet gelegen, ist mit dem öffentlichen Verkehr nämlich nicht zugänglich. Neben dem Restaurant gibt es einen lauschigen Campingplatz auf dem Inselchen. Ein toller Ort für ein entspanntes Wochenende im Grünen.

#Lütz #Inselleben #Inselcamping #Zürichseeliebe

300 Meter ist sie lang und 150 Meter breit: die Insel Lützelau auf dem Zürichsee. Und sie steht komplett unter Naturschutz. Ein lauschiges Plätzchen im Grünen, gar nicht weit von Rapperswil-Jona entfernt. Im Gegensatz zur benachbarten Insel Ufenau kommt man hier mit dem öffentlichen Verkehr jedoch nicht hin. Auch sonst ist die noch ganz ursprüngliche Lütz, gelegen in der Gemeinde Freienbach SZ, das Gegenteil ihrer gepflegten Inselnachbarin.

Am einfachsten ist eine Anreise auf die Insel, welche der Stadt Rapperswil-Jona gehört, mit dem eigenen Boot. Aber auch mit dem Pedalo, dem SUP oder einem Schlauchboot kann man theoretisch selbst auf die Insel paddeln. Denn das nächste Ufer liegt nicht weit entfernt. Oder man bucht den Taxiservice Lütz-Shuttle über die Internetseite der Insel. Aber Achtung: Spontane Fahrten sind für Campingbesucher nicht möglich, das Wochenende sollte man auf jeden Fall lang genug im Voraus planen.

Auf der Insel angekommen, geht es einmal quer über den Steg, und schon steht man, umgeben von Schilf, auf dem Grund des Campingplatzes. Nun heißt es beim Restaurant einchecken. Der Platz wird zugewiesen, und nachdem das Zelt aufgestellt ist, ist einfach nur genießen angesagt.

Die Insel ist klitzeklein, und lediglich ein Teil davon ist überhaupt zugänglich. Am besten sucht man sich ein Plätzchen am See und ge-

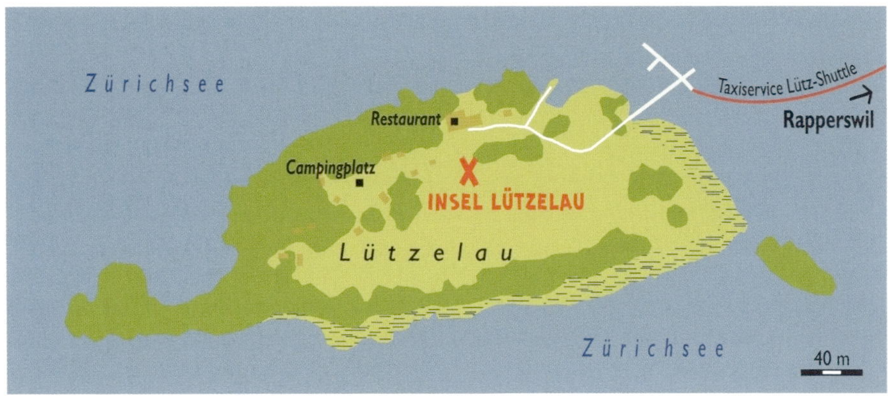

Wer es romantisch mag, wird es toll finden. Hier kann man einen kitschig-schönen Sonnenuntergang direkt am Wasser erleben gemeinsam mit der oder dem Liebsten.

nießt das süße Nichtstun. Was gibt es Schöneres, als zwei Tage lang die Seele baumeln zu lassen, mitten in der Natur, am Zürichsee?

Das schönste Plätzchen befindet sich am oberen Zipfel der Insel, wenn man vom Schiffssteg einmal quer über die Insel spaziert. Hier findet man auch eine von drei Grillstellen. Perfekt für ein Picknick oder für das ein oder andere Kartenspiel am nebenan stehenden Holztisch. Zwischendurch gibt es eine Abkühlung im Zürichsee. Am schönsten ist es hier aber, wenn die Sonne langsam über dem See untergeht.

Bevor man sich schließlich in die Federn, oder besser gesagt in den Schlafsack, legt, gibt es noch einen Drink im kleinen Inselrestaurant. Auch Frühstück bekommt man hier am nächsten Morgen, bevor die letzten Stunden auf der Insel nochmals in vollen Zügen genossen werden. Ja, das Inselleben auf dem Zürichsee ist einfach schön!

Hin & weg: Mit dem eigenen Boot oder z. B. mit dem Lütz-Shuttle ab Rapperswil. Taxiservice vorab über ein Formular auf www.insel-luetzelau.ch buchbar.

Dauer: 2 Tage.

Beste Zeit: Der Campingplatz und das Restaurant sind nur von Mai–September geöffnet.

Ausrüstung: Badesachen, Mückenschutz, Sonnenschutz, evtl. Proviant (es gibt aber auch ein Restaurant auf der Insel). Zelt bzw. Campingausrüstung.

Wenn es Nacht wird: Zelt am Campingplatz der Insel Lützelau (www.insel-luetzelau.ch/Camping).

FAZIT: FERNAB DER ZIVILISATION UND DOCH GANZ NAH – ZWEI TAGE CAMPEN AUF DER LÜTZ.

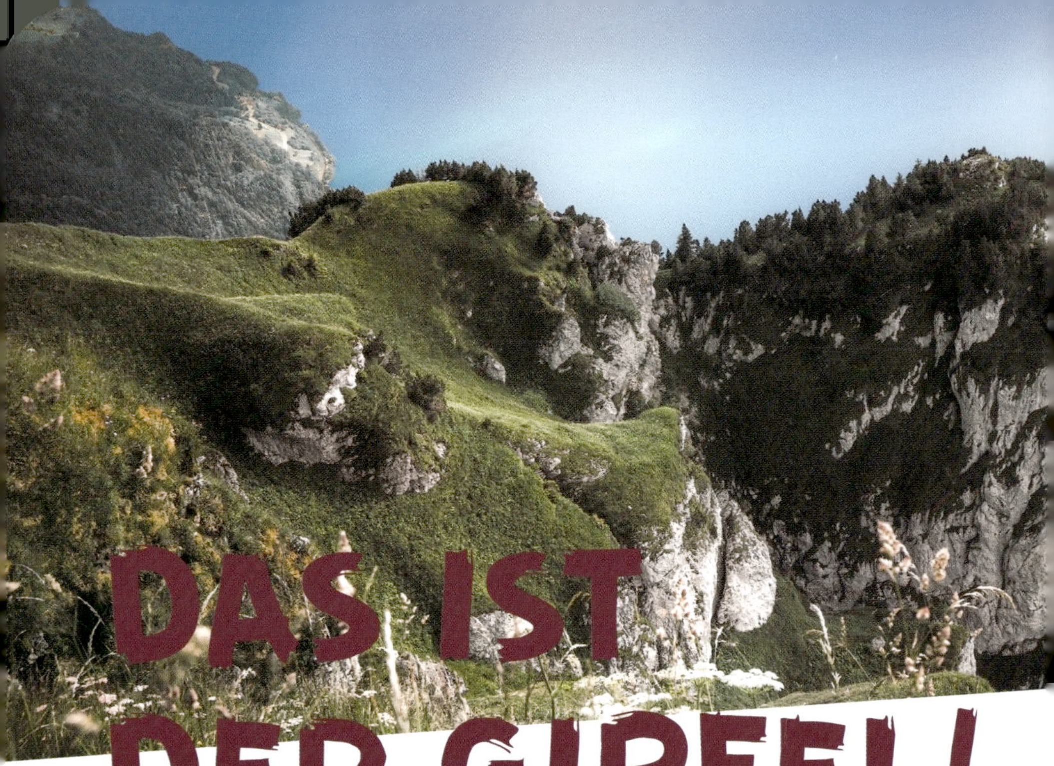

DAS IST DER GIPFEL!

... von Stoos auf den Fronalpstock

#48

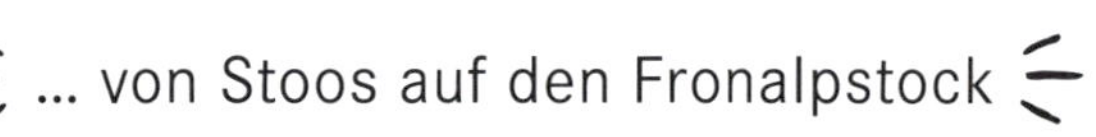

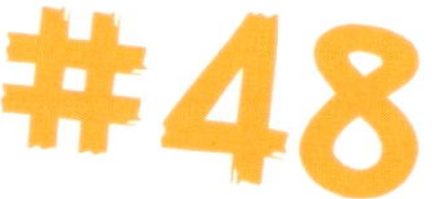

Miniurlaub der Superlative: Die steilste Standseilbahn der Welt, die vielleicht schönste Aussicht der Zentralschweiz, Übernachten auf fast 2000 Metern ü.d.M. und eine Gratwanderung mit Blick auf über zehn Schweizer Seen. Hier zeigt sich die Schweiz von ihrer Schokoladenseite.

#Weitblick #Wanderweekend #Alpenliebe #Gipfelstürmer

Fast zu schön, um wahr zu sein: Der Blick vom Fronalpstock ist atemberaubend.

→ MINIURLAUB …

Schon der Anfang hat es in sich. Mit der spektakulären Stoosbahn geht es von der Gemeinde Schwyz ins autofreie Bergdorf Stoos. Und das gleich mit einem Weltrekord. Es handelt sich mit unglaublicher 110 Prozent Steigung nämlich um die steilste Standseilbahn der Welt.

Vom Dörfchen Stoos geht es dann gemütlich zur ausgeschilderten Sesselbahn Klingenstock. Man kann die Strecke zwar auch in zwei bis drei Stunden den Berg hochwandern, jedoch ist dies etwas mühsam, und man sollte unbedingt trittsicher sein. Deshalb geht es mit der Sesselbahn hoch hinauf auf den Klingenstock.

Nochmals für die Wanderung stärken kann man sich im Restaurant Klingenstock, welches idyllisch direkt bei der Talstation des Sessellifts liegt. Und dann geht es auch schon los, ab auf den Berg!

Auf dem Klingenstock angekommen, beginnt die schöne Gratwanderung vom Klingenstock bis zum Fronalpstock. Während dieser fünf Kilometer erlebt man eine atemberaubende 360-Grad-Sicht über die Berg- und Seenwelt der Zentralschweiz. Über zehn Schweizer Seen sind zu erkennen. Die Aussicht ist so atemberaubend, dass man gar nicht anders

kann, als immer wieder staunend stehen zu bleiben. Kein Wunder, munkelt man, dass es sich dabei um die vielleicht schönste Gratwanderung der Schweiz handelt.

Der Weg führt immerfort den teils mit Ketten gesicherten Grat entlang. Auf schmalen Weglein geht es rauf und runter, und schon bald kann man das Gipfelrestaurant Fronalpstock erkennen. Kurz vor dem Restaurant befindet sich in der Nähe des Spielplatzes eine große Aussichtsplattform, welche einen Besuch wert ist. Aber eigentlich ist es egal, wo man hier die Aussicht genießt. Es verschlägt einem fast überall den Atem, so schön ist es auf dem Fronalpstock.

Im Gipfelrestaurant & Hotel Fronalpstock wird schließlich eingecheckt. Am Abend gibt es bei traumhafter Aussicht ein feines Abendessen, und natürlich ist es Pflicht, den Sonnenuntergang von der Terrasse aus zu bestaunen.

Am nächsten Morgen klingelt der Wecker bereits früh. Denn den Sonnenaufgang auf 1922 Metern zu bestaunen, ist ein ganz besonderes Erlebnis. Die Sonne geht hinter dem Haus, auf der anderen Seite des Vierwaldstättersees, über den Berggipfeln auf. Danach wartet ein urchiges Frühstück im Gipfelrestaurant.

Nachdem die Aussicht über den Vierwaldstättersee, Brunnen, das Rütli, den Bürgenstock, die Rigi oder den Pilatus nochmals in vollen Zügen genossen wurde, beginnt schließlich die Talwanderung zurück nach Stoos.

In Stoos ist noch ein kleiner Rundgang durchs Dörfchen angesagt. Dabei geht es bis zur Bergkapelle Stoos aus dem Jahr 1714, welche un-

Der Vierwaldstättersee ist umgeben von Bergen der Voralpen. Er ist 114 Quadratkilometer groß, liegt auf einer Höhe von 434 Metern ü. d. M. und ist 214 Meter tief.

übersehbar auf einem kleinen Hügel liegt. Nach einer kleinen Pause auf einem der Bänklein vor der Kapelle führt der Weg schließlich zurück zur Stoosbahn und von hier wieder hinunter ins Tal.

Hin & weg: Von Zürich Hauptbahnhof mit IR46 bis Zug. Weiter mit Bus 71 bis Schwyz, Feuerwehr/Zentrum und von da mit Bus 1 bis Schwyz, Stoosbahn (insgesamt 1 Std. 14 Min.). Parkplatz vorhanden.

Dauer & Strecke: 2 Tage. Die reine Wanderzeit vom Klingenstock auf den Fronalpstock beträgt 2 Std., Strecke: 4,7 km, Aufstieg: 337 m, Abstieg: 358 m, und vom Fronalpstock nach Stoos ebenfalls rund 2 Std., Strecke: 4,9 km, Abstieg: 644 m.

Beste Zeit: Von Juni–Oktober. Davor oder danach kann es bereits Schnee haben.

Ausrüstung: Wanderschuhe, Sonnenschutz, Fotokamera, das Nötigste zum Übernachten.

Wenn es Nacht wird: Gipfelrestaurant & Hotel Fronalpstock auf 1922 Metern ü. d. M. (www.fronalpstock.ch).

FAZIT: DIE VIELLEICHT SCHÖNSTE GRATWANDERUNG DER SCHWEIZ, GEKRÖNT MIT EINER ÜBERNACHTUNG AUF 1922 METERN!

SCHLOSS-GERAUNE

#49

Ja, auch die Nachbarkantone haben so einiges zu bieten! Der Hallwilersee im Kanton Aargau und Kanton Luzern lädt zur Uferwanderung ein und lässt im Schloss Hallwyl von alten Zeiten träumen. Das alles in einer wunderschönen, noch sehr naturbelassenen Umgebung!

#Aargau #abandenSee #Naturliebe

Der Hallwilersee ist rund zehn Quadratkilometer groß und bis zu 47 Meter tief und sorgt garantiert für Ferienstimmung – egal, ob auf oder am Wasser.

Die Reise startet in Seengen im Aargau, wo sich eines der schönsten Gebäude des Kantons befindet: das Schloss Hallwyl! Kein Wunder, dass die Herren von Hallwyl hier schon im 12. Jahrhundert einen Wohnturm bauen ließen. Die Region im Seetal ist auch wirklich traumhaft schön und so richtig entspannt.

Nach einem gemütlichen Rundgang durch die alten Mauern eines der bedeutendsten Wasserschlösser der Schweiz geht es in rund 15 Minuten hinunter an den See. Und von hier aufs Schiff! Das Ziel: Beinwil am See, wo man nach 35 Minuten Fahrt ankommt.

Wer das Schiff gar nicht mehr verlassen möchte, bleibt einfach sitzen (www.schifffahrt-hallwilersee.ch). In einer Stunde und 15 Minuten hat man den oberen Teil des Hallwilersees ein-

Besonders viel Spaß macht hier Stand-up-Paddling. Es ist ein tolles Gefühl, mit dem SUP über die leichten Wellen zu gleiten.

mal umrundet. Die Schifffahrt endet in Beinwil am See, wo der Tag schließlich ganz entspannt seinen Abschluss findet mit einem Besuch im Strandbad Beinwil am See und mit einer Runde Schwimmen.

Übernachtet wird in einem ehemaligen Bauernhaus, welches zum urchigen Hostel, der Jugendherberge Beinwil am See, umfunktioniert wurde. Hier lässt sich der Energiespeicher ganz wunderbar für die morgige Wanderung aufladen!

Am nächsten Tag werden nach dem Frühstück die Turnschuhe für die Wanderung auf dem Seeuferweg geschnürt. Von Beinwil am See führt der Wanderweg bis nach Mosen im Kanton Luzern. Hier, am südlichen Ende des Hallwilersees, ist es besonders schön! Denn die Ufer sind aufgrund der Schutzzone komplett unbebaut.

Am östlichen Ufer kommt man in Meisterschwanden vorbei am Seerose Resort. Hier gibt es eine schöne Terrasse mit Selbstbedienungsrestaurant direkt am See. Perfekt, um eine kleine Pause einzulegen, bevor die Rundwanderung schlussendlich zurück geht nach Beinwil am See.

FAZIT: EIN WOCHENENDE ZWISCHEN IMPOSANTEN SCHLOSSMAUERN UND VERTRÄUMTEN UFERWEGEN. DENN AUCH DIE NACHBARKANTONE HABEN EINIGES ZU BIETEN.

Hin & weg: Von Zürich Hauptbahnhof in 26 Min. mit dem RE bis Lenzburg und von dort mit der S9 in 13 Min. bis Boniswil. Von hier aus erreicht man das Schloss Hallwyl in 15 Min. zu Fuß.

Dauer & Strecke: 2 Tage. Die Wanderung um den See ist 22 km lang und dauert etwa 5,5 Std. Der Weg ist mit Seeuferweg ausgeschildert. Die Rundwanderung und den Besuch des Schlosses Hallwyl kann man an 1 Tag machen. Gemütlicher ist es, wenn man es auf 2 Tage verteilt.

Beste Zeit: Ganzjährig. Der Hallwilersee hat zu jeder Jahreszeit seinen ganz eigenen Charme. Für Wasserratten jedoch eher im Sommer.

Ausrüstung: Bequeme Schuhe, kleiner Rucksack für das Nötigste, Badesachen.

Wenn es Nacht wird: Jugendherberge Beinwil am See (Seestrasse 71), ehemaliges Bauernhaus mit gemütlichen Doppel- oder Mehrbettzimmern (www.youthhostels.ch/hostels/beinwil-am-see). Das Frühstück und der Eintritt ins Strandbad Beinwil am See sind im Preis inbegriffen.

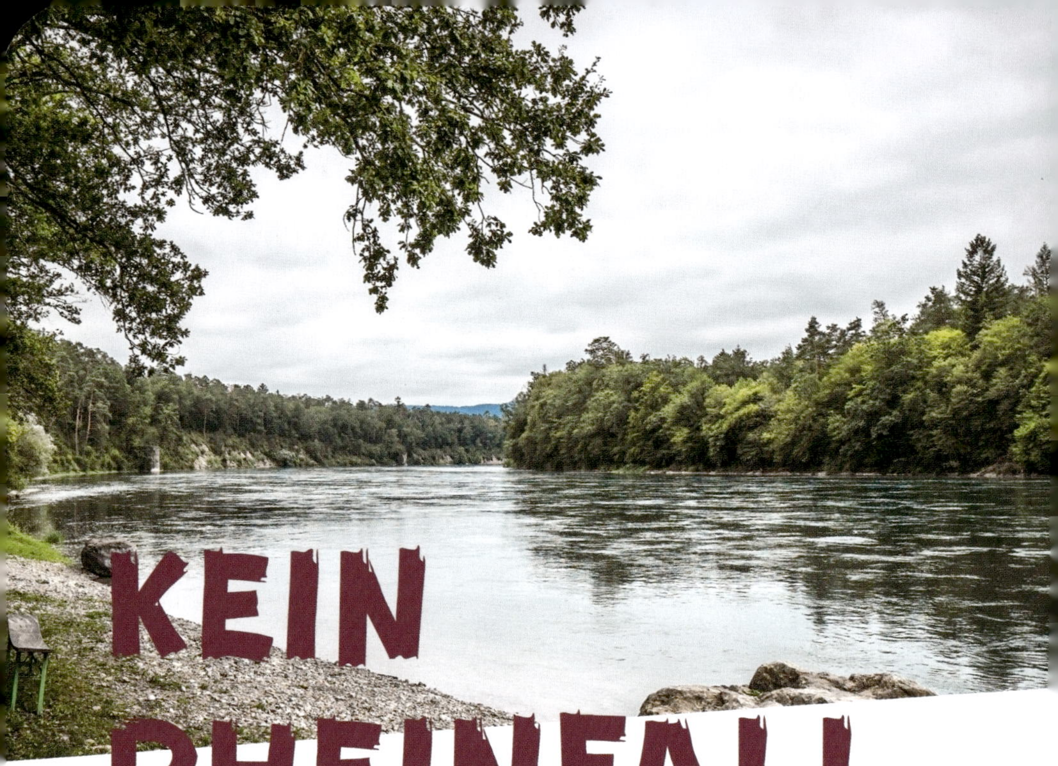

KEIN RHEINFALL

... im Zürcher Weinland

#50

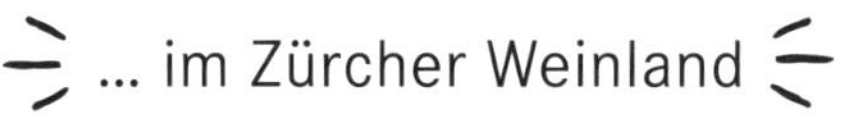

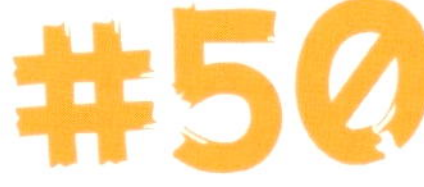

Ein Wochenende im Zürcher Weinland, mitten in der Natur. Am ersten Tag führt eine gemütliche Velotour teilweise den Rhein entlang bis nach Schaffhausen, samt Halt am Rheinfall. Danach wird auf dem Wydhof im Stroh übernachtet, bevor es ins Auengebiet geht.

#schlafenimStroh #natürlicherleben #Velofahrenistschön

Malerische Riegelhäuser schmücken die Gemeinde Dachsen.

Mitten im Zürcher Weinland, nur wenige Meter von der nationalen Rhein-Veloroute Nummer 2 entfernt, liegt der idyllische Bauernhof Wydhof. Hier, umgeben von fast nichts anderem als saftig grüner Natur, liegt der Ausgangspunkt für ein sowohl sportliches als auch lehrreiches Wochenende.

Der erste Tag beginnt mit der Velotour. Beim Wydhof wird das Fahrrad gesattelt. Dann geht es los. Nach rechts führt der Weg zum nächsten Bauernhof und dort nach links. Immerfort die Veloroute Nummer 2 entlang. Nach kurzer Zeit biegt die Route von der Hauptstraße in den Wald ein. Schon ist man am Rhein angelangt. Es lohnt sich, an einem lauschigen Plätzchen direkt am Fluss eine kurze Rast einzulegen und den Blick über das tiefblaue Wasser bis ans andere Ufer gleiten zu lassen. Dieses befindet sich übrigens in Deutschland, denn die Landesgrenze liegt genau in der Flussmitte.

Das absolute Highlight der Velotour: der imposante Rheinfall bei Schaffhausen!

Weiter geht's, erst durch den Wald, dann bis nach Rheinau, wo man einen tollen Blick auf den sich windenden Rhein hat. Der Weg führt weiter bis ins charakteristische Dorf Dachsen mit seinen ursprünglichen Riegelhäusern. Nun ist es nicht mehr weit bis zum Schloss Laufen, direkt am Rheinfall, einem der größten Wasserfälle Europas. Nach einem Blick auf die tosenden Wassermassen gibt es im Restaurant Schloss Laufen eine verdiente Stärkung. Die Fischknusperli hier sind zu empfehlen (www.schlosslaufen.ch)!

Danach geht es über den Hügel auf die andere Flussseite bis ins malerische Städtchen Schaffhausen. Von hier führt der Weg auf der anderen Flussseite wieder in Richtung Flaach. Nach wenigen Minuten Fahrt gibt es aber einen noch viel schöneren Blick auf den Rheinfall als zuvor. Auch wenn hier immer zahlreiche Touristen sind, lohnt es sich, eine kleine Pause einzulegen.

Am Rhein entlang führt der Fahrradweg über eine kleine Brücke, bis man wieder auf der linken Seite des Flusses ankommt. Hier wird der Weg zeitweise etwas schmal, und das Fahrrad muss über eine kurze Strecke geschoben werden. Dafür wird man mit einer herrlichen Aussicht über den Fluss belohnt.

Zurück beim Wydhof in Flaach, lässt man den Abend an der Grillstelle ausklingen und übernachtet schließlich im Stroh.

Der nächste Tag beginnt mit einem Frühstück auf dem Hof. Dann geht es ins Naturzentrum Thurauen (www.naturzentrum-thurauen.ch), dem Tor zum größten Auengebiet des Schweizer Mittellands.

Hin & weg: Mit der S12 von Zürich bis Henggart und weiter mit Bus 675 bis Flaach Ziegelhütte. Von hier sind es noch 1,9 km bis zum Wydhof in Flaach. Parkplätze gibt es auf dem Hof.

Dauer & Strecke: 2 Tage. Die Velotour dauert rund 2 Std. Die Strecke ist 41 km lang. Es lohnt sich, genug Zeit einzuplanen, um am Ufer des Rheins, am Rheinfall sowie in Schaffhausen zu verweilen.

Beste Zeit: Ganzjährig, am schönsten ist die Velotour aber, wenn es nicht allzu kalt ist.

Ausrüstung: Fahrrad, Fahrradhelm, Sonnenschutz, das Nötigste zum Übernachten, Schlafsack (ein Stoffschlafsack kann auf dem Wydhof gemietet werden).

Wenn es Nacht wird: Bauernhof Wydhof in Flaach. Entweder im gemütlichen Massenschlag (Massenlager) im Stroh oder im ehemaligen Stall oder in einem Doppelzimmer, Frühstück inklusive (www.wydhof.ch).

Nach einem abwechslungsreichen und anstrengenden Tag auf dem Sattel wird am Abend auf dem Wydhof in Flaach im Stroh geschlafen – ein ganz besonderes Erlebnis.

Im 2011 eröffneten Zentrum können diverse Führungen gemacht werden. In einer interaktiven Ausstellung erfährt man zudem allerlei über das hiesige Naturschutzgebiet, seltene Tiere und Pflanzen. Der Erlebnispfad führt die Besucher durch den Auenwald und ermöglicht spannende Einblicke in die Natur. Zum Schluss lädt das Freibad mit großer Liegewiese zum Verweilen und das Gartenrestaurant Rübis & Stübis zur Einkehr ein. Der perfekte Abschluss für ein herrliches Wochenende in der Natur.

FAZIT: WUNDERSCHÖNE VELOTOUR VON FLAACH AN DEN RHEINFALL. ÜBERNACHTET WIRD AUF DEM BAUERNHOF – MITTEN IM STROH.

BERG- UND TALFAHRT

... auf dem Atzmännig im Kanton St. Gallen

Nur 45 Kilometer von Zürich entfernt, kann man beim Atzmännig im Kanton St. Gallen dem Alltag entfliehen. Ein Wochenende mit einer traumhaften Panoramawanderung, rasantem Rodeln, einem Freizeitpark unter freiem Himmel und einer Übernachtung im Holziglu.

#Rodelspaß #aussichtsreich #Rundtour #Wanderfüchse

Auf der Rodelbahn geht es hinunter ins Tal – ein Spaß für Groß und Klein.

Am ersten Tag ist Wandern im schönen Atzmännig-Gebiet angesagt. Der erste Teil der Wanderung folgt dem Frechspatz Männis Erlebnisweg bis auf den Oberatzmännig. Ein spielerisch gestalteter Wanderweg, der von Kinderliedermacher Andrew Bond entwickelt wurde. Da sind sogar Kinder plötzlich begeistert vom Wandern! Wer möchte, kann das erste Stück aber auch mit der Sesselbahn abkürzen. Oben angekommen, erwartet einen eine traumhafte Aussicht über die Linthebene und den Obersee, den oberen Teil des Zürichsees. Der Weg führt auf der Grathöhe weiter über die Schwammegg zum Hunterrotstein, bis sich der Weg verzweigt. Es geht nach rechts, über die Obere Tweralp, bis zur Chrüzegg. Die Strecke ist übrigens Teil des Toggenburger Höhenwegs, welcher insgesamt über 88 Kilometer und sechs Etappen von Wil SG bis nach Wildhausen führt.

Auf der Chrüzegg wird im Restaurant Chrüzegg auf 1265 Metern Rast eingelegt. Und natürlich gibt es ein typisches Chrüzeggplättli, zusam-

Auf der Wanderung trifft man immer wieder auf Kühe. Ihre treuen Blicke und das Glockengebimmel begleiten einen auf dem Weg.

men mit einer feinen Erdbeerschorle, gemixt mit Wasser aus eigener Quelle. Und dies alles bei einzigartiger Rundumsicht. Vorn über das Goldingertal bis zum Zürichsee, rechts über das Tössbergland und hinten bis zum Bodensee, auf den Säntis und die Churfirsten.

Nach der Pause geht die Route weiter in Richtung Chabis und Oberchamm. Der Weg führt steil den Berg hinunter und bringt auch die Knie von hartgesottenen Wanderfreunden zum Schlottern. Allmählich kann man die Talstation Schutt aber wieder erkennen. Beim Bach angekommen, ist das Ziel nicht mehr weit. Es geht gemächlich zurück zum Campingplatz, gleich bei der Talstation Schutt.

Den Abend lässt man in der Grillkota ausklingen. Das ist ein gemütlicher Aufenthaltsraum und ein überdachter Grillplatz, welchen alle Gäste der POD-Häuser nutzen dürfen. In einem der POD-Häuschen, die in einer kleinen Waldlichtung stehen, wird schließlich übernachtet. Nach der Nacht im Holziglu gibt es im Restaurant Atzmännig, gleich neben der Talstation, Frühstück.

Am zweiten Tag ist Rodeln angesagt. Mit der Sesselbahn fährt man eine Station hoch bis zum Start der Rodelbahn. Von da geht es 700 Meter in rasantem Tempo steil bergab durch Tunnels, über Bachübergänge und an 17 Kurven vorbei. Ein Spaß, der sich beliebig oft wiederholen lässt. Danach bietet sich noch ein Abstecher in den Freizeitpark an, wo Trampolinspringen oder ein Adrenalinkick auf dem Bungee-Tramp angesagt ist.

Zum Abschluss des Tages spaziert man schließlich noch in die rustikale Brustenegg-Hütte.

Das Restaurant mit großer Sonnenterrasse und ganz viel Alpencharme befindet sich nur fünf Minuten von der Talstation entfernt, gleich hinter dem Seilpark.

Hin & weg: Mit der S15 bis Rüti, weiter mit Bus 631 bis Eschenbach SG, Post und von da mit Bus 630 ab Eschenbach SG, Sternen bis Atzmännig Schutt. Großer Parkplatz an der Talstation.

Dauer & Strecke: 2 Tage. Die reine Wanderzeit am 1. Tag beträgt 3,5 Std., Strecke: 9,3 km, Aufstieg: 604 m, Abstieg: 614 m.

Beste Zeit: Zum Wandern von Mai–Oktober. Im Winter bietet der Atzmännig zudem auch ein Skigebiet.

Ausrüstung: Feste Schuhe, das Nötigste für die Übernachtung, Wasserflasche, Picknick und etwas zum Grillen für den Abend.

Wenn es Nacht wird: Idyllische POD-Häuschen beim Campingplatz, der sich unterhalb der Talstation befindet (www.atzmaennig.ch).

FAZIT: EIN RASANTES WOCHENENDE MIT TOLLEM PANORAMA, GANZ VIEL ACTION UND EINER BESONDEREN UNTERKUNFT.

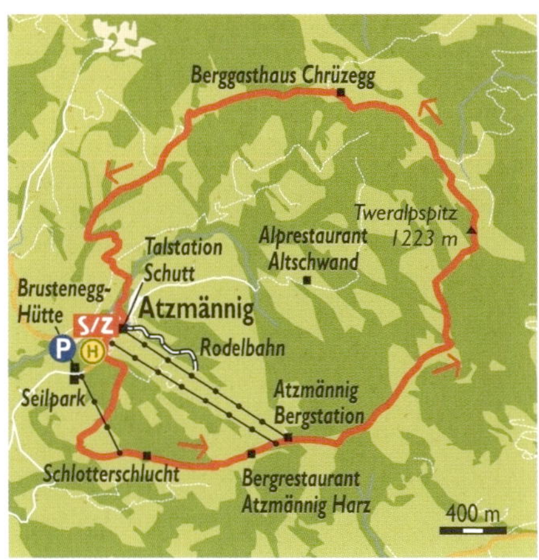

WINTER-WUNDER-LAND

Wandern auf der Rigi ist nicht nur im Sommer toll, sondern auch im Winter. Warm eingepackt, geht es zum Wandern und Schlitteln nach draußen. Am besten bleibt man gleich zwei Tage, dann hat man am Abend noch Zeit für ein feines Fondue. Übernachtet wird dabei im urchigen Berggasthaus.

#Schlittelplausch #abindenSchnee #KöniginderBerge

In der kalten Jahreszeit verwandelt sich die Rigi in eine richtig beeindruckende Winterlandschaft. Selbst bei Nebel ist es hier noch wunderschön.

Mit der Zahnradbahn, übrigens der ersten Bergbahn Europas aus dem Jahr 1871, geht es von Vitznau steil den Berg hoch, bis Rigi Kaltbad. Schon die Fahrt mit der historischen Rigibahn ist ein Highlight, und es lohnt sich, einen Fensterplatz zu ergattern. Denn die Aussicht über die schneebedeckten Hügel und den Vierwaldstättersee ist atemberaubend.

Auf 1436 Metern in Rigi Kaltbad angekommen, beginnt die rund 2,5-stündige, wunderschöne Winterwanderung bis Rigi Scheidegg auf 1642 Metern. Der Pfad führt entlang des Weges der ehemaligen Rigi-Scheidegg-Bahn, welche von 1874 bis 1931 in Betrieb war.

Bis auf das letzte Stück verläuft der Wanderweg relativ flach. Erst der letzte Abschnitt führt bis Rigi Scheidegg sanft den Berg hoch. Dass man sich auf den Spuren einer ehemaligen Eisenbahn bewegt, ist dabei immer wieder zu sehen. So wandert man beispielsweise über alte Eisenbahnbrücken, durch einen Tunnel oder an der ehemaligen Rigi-Scheidegg-Bahn vorbei, welche heute als Ferienhaus dient. Dies alles bei grandioser Aussicht über den Schwyzer Talkessel und die Alpen.

In Rigi Scheidegg angekommen, werden die Füße in der warmen Stube des urchigen Berggasthauses Rigi Scheidegg aufgewärmt, wo auch die Nacht verbracht wird. Vorher gibt es aber noch ein feines Znacht (Abendessen). Was könnte dafür passender sein als ein typisches Käsefondue im Berggasthaus?

Nach einer entspannten Nacht und gemütlichem Frühstück wird wieder in die warme Winterkleidung geschlüpft. Denn am zweiten Tag ist Schlitteln angesagt. Mit der Luftseil-

Mit dem Schlitten ist man bergab nicht nur schneller, es macht auch noch deutlich mehr Spaß!

bahn Kräbel kommt man bequem wieder zur Station der Rigibahn, von wo aus es zur Endstation Rigi Kulm geht.

Bei klarer Sicht ist der Ausblick von Rigi Kulm einfach gewaltig und atemberaubend. So lohnt es sich, erst etwas zu verweilen und das Panorama von der Aussichtsterrasse zu genießen, bevor die Schlitten bei der Bahnstation gemietet werden. Damit geht es schließlich in rasantem Tempo durch die märchenhaft schöne Winterlandschaft ins Tal. Via Staffel führt die Piste bis zum Weiler Rigi Klösterli, an der Ostseite der Rigi, mit der gleichnamigen Haltestelle der Zahnradbahn. Im Hotel zum Goldenen Hirschen werden bei einem heißen Tee aber erst die Finger aufgewärmt, bevor es für die zweite Schlittelrunde noch einmal auf den Berg hochgeht.

FAZIT: ZWEI TOLLE TAGE IM SCHNEE MIT SCHLITTELN, ROMANTISCHER WINTERWANDERUNG UND FONDUE IM BERGGASTHAUS.

Hin & weg: Von Zürich Hauptbahnhof z. B. mit IR46 bis Brunnen und weiter mit Bus 2 bis Vitznau. Oder von Luzern mit dem Schiff bis Vitznau. In Vitznau gibt es Parkplätze.

Dauer & Strecke: 2 Tage. Die Winterwanderung von Rigi Kaltbad–Rigi Scheidegg ist 7 km lang und dauert rund 2,5 Std., Aufstieg: 304 m, Abstieg: 82 m. Am 2. Tag ist Schlitteln ab Rigi Kulm bis Klösterli angesagt, Strecke: 3,1 km, 20 Min. pro Strecke.

Beste Zeit: Von Dezember–März zum Schlitteln, je nach Schneeverhältnissen. Ein Besuch der Rigi ist aber das ganze Jahr über sehr schön.

Ausrüstung: Warme Kleidung, Skihosen, Sonnenbrille sowie warme und wasserdichte Schuhe mit gutem Profil.

Wenn es Nacht wird: Berggasthaus Rigi Scheidegg (www.rigi-scheidegg.ch) oder Rigi Burggeist (www.rigi-burggeist.ch).

SONST NOCH WICHTIG

Ein- und Überblick

Karten für den schnellen Überblick, praktische Tipps, mehr über die Autorin sowie ein Ortsregister zum schnellen Nachschlagen gibt es auf den folgenden Seiten.

GPX-Download Seite 224
Übersichtskarten Seite 225
Impressum Seite 228
Gut zu wissen Seite 229
Register Seite 230
Über die Autorin Seite 231
5 besondere Empfehlungen Seite 232

GPX-Download aufs Smartphone – so geht's

Voraussetzung:

Eine Outdoor-App muss installiert sein, z. B. KOMPASS, Outdooractive oder komoot. Zum Einlesen des QR-Codes benötigen Android-Geräte eine QR-Code-App. Bei iOS-Geräten ist diese Funktion in der Kamera integriert.

Daten downloaden:

1. Den QR-Code einlesen oder die Webadresse im Browser eingeben, um auf die Eskapaden-Website zu gelangen.
2. Die gewünschte Tour zum Download anklicken.
3. Bei iOS-Geräten werden die GPX-Daten direkt mit der vorab installierten App verknüpft. Bei Android-Geräten muss ggf. noch ein Weiterleiten-Button geklickt werden (z. B. oben rechts im Display). Manche Apps zeigen den Tourverlauf starr an, andere verfügen über eine Navigationsfunktion.

Tourenverlauf

GPX-Daten zum kostenlosen Download www.dumontreise.de/eskapaden/zuerich

short.travel/uvhwk

Auf den folgenden Seiten: Die Eskapaden in drei Übersichtskarten rund um Zürich. Die Ziffern stehen für die Eskapaden-Nummern.

Zürich
SEITE 227
Wohlen
Reuss
Boniswil
Hallwilersee
Baldeggersee
Zollikon
Greifensee
Uster
Pfäffikersee
Wetzikon
Wattwil
Atzmännig
Affoltern am Albis
Rifferswil
Horgen
Meilen
Zürichsee
Stäfa
Rüti
Rapperswil
Obersee
Richterswil
Pfäffikon
Cham
Zug
Zugersee
Rotkreuz
Ägerisee
Einsiedeln
Weesen
Walensee
Wägitaler See
Emmen
Ebikon
Oberarth
Kriens
Vitznau
Vierwaldstättersee
Schwyz
Glarus
Klöntalersee
Stans
6 km
49
42
34
35
29
3
31
37
33
18
40
51
24
47
22
28
30
36
52
48

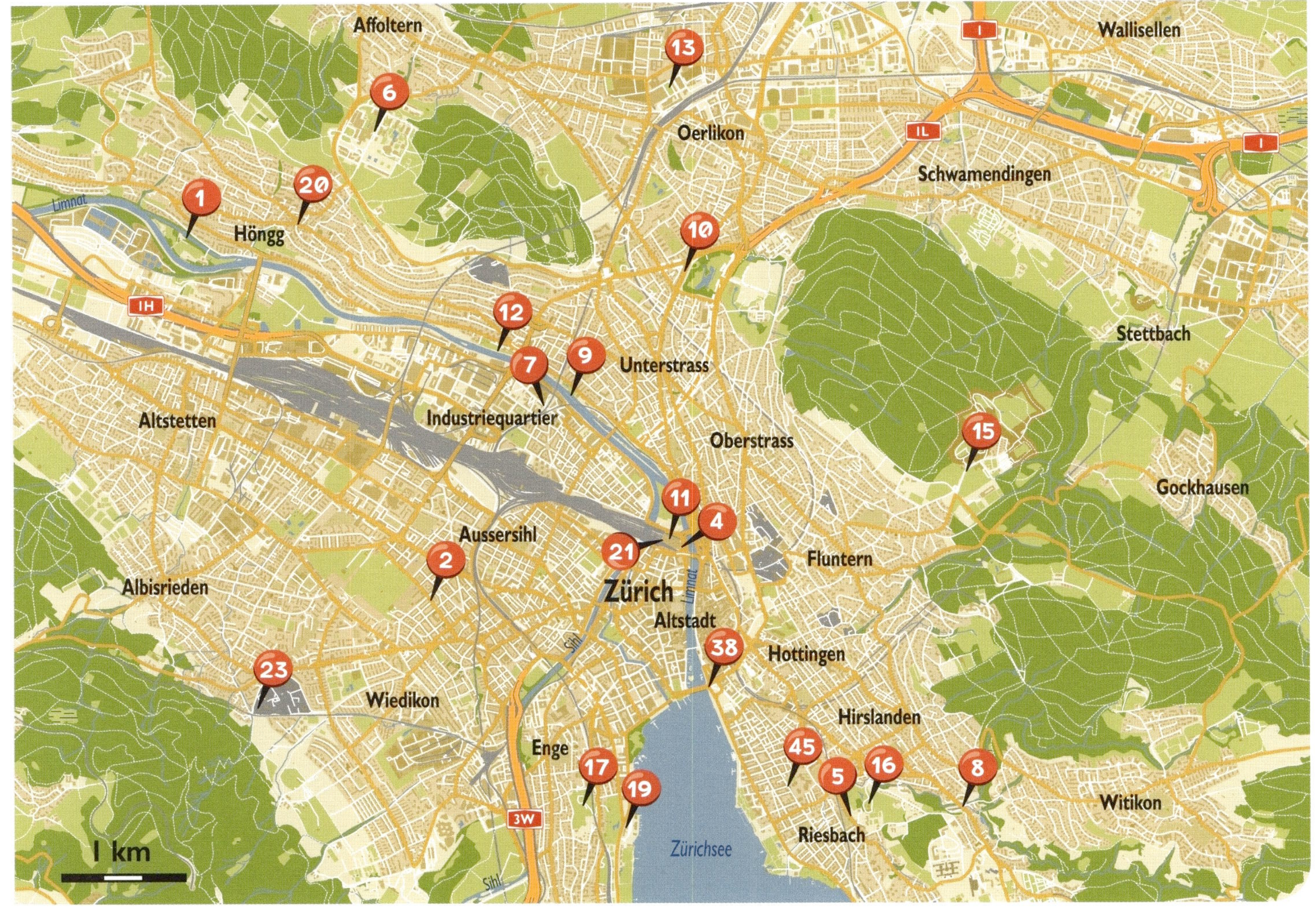
Affoltern
Wallisellen
Oerlikon
Schwamendingen
Höngg
Limmat
Stettbach
Unterstrass
Altstetten
Industriequartier
Oberstrass
Gockhausen
Aussersihl
Fluntern
Albisrieden
Zürich
Altstadt
Hottingen
Wiedikon
Hirslanden
Enge
Witikon
Riesbach
Zürichsee
Sihl
1 km
1
2
4
5
6
7
8
9
10
11
12
13
15
16
17
19
20
21
23
38
45

NOCH MEHR ESKAPADEN …

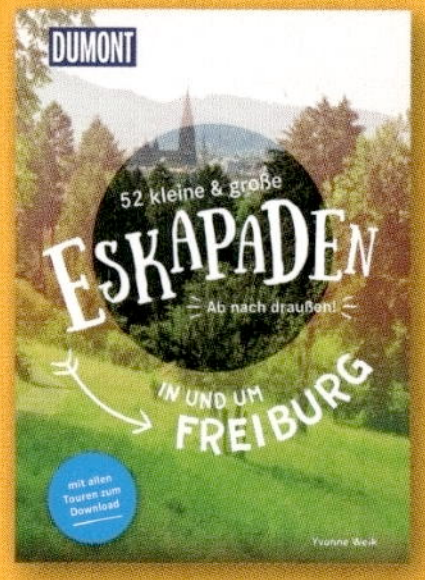

ISBN 978-3-7701-8090-5

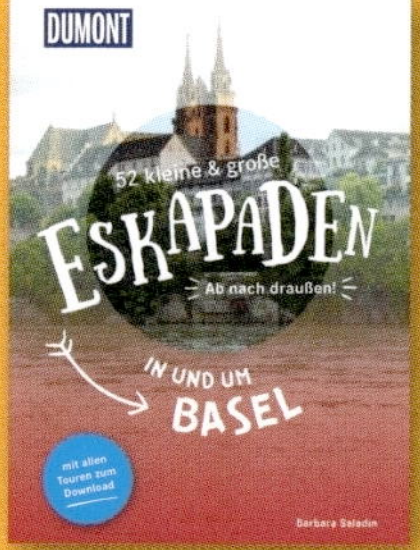

ISBN 978-3-616-11004-2

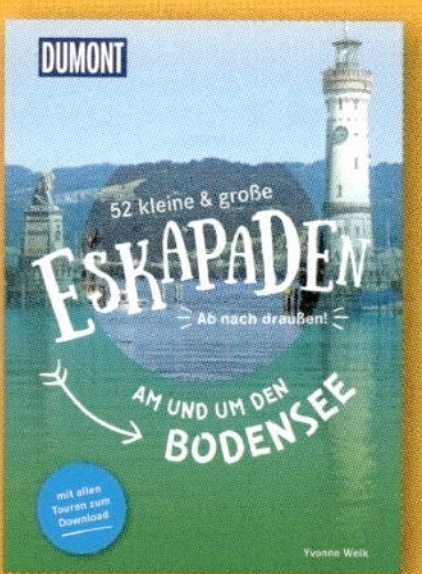

ISBN 978-3-616-11012-7

 … erhalten Sie im gut sortierten Buchhandel und unter www.dumontreise.de 

IMPRESSUM

Reihenkonzept Monique Sorban

Projektmanagement Svenja Heinle

Cover-/Buchgestaltung & Illustrationen Carolin Weidemann, Köln, www.weidemann-design.com

Layout & Satz Sieveking • Agentur für Kommunikation, München, www.sieveking-agentur.de

Lektorat Ute König, Kitzingen, www.besserer-text.de

Texte & Fotos Valeria Mella, Zürich, www.littlecity.ch; mit folgenden Ausnahmen: Roger Mella (#38 und #42), Adrian Rüedi (Autorenporträts S. 231)

Kartografie © KOMPASS, Innsbruck, unter Verwendung von Kartendaten von OpenStreetMap, Lizenz CC-BY-SA 2.0

Printed in Poland

1. Auflage 2020

ISBN 978-3-616-11010-3
www.dumontreise.de

Weiterlesen

Regelmäßig gibt es beim Züri Tipp des Tagesanzeigers News aus dem Bereich Musik, Bühne, Kunst, Events. Hier kann man sich weitere Ausflugideen oder auch hilfreiche Gastro-Tipps holen, um die kulinarische Seite der Stadt zu entdecken (www.tagesanzeiger.ch/zueritipp).

Geschmackssachen

Was essen die Zürcher? Das bekannteste Gericht ist wohl Zürcher Geschnetzeltes, das man an sehr vielen Orten bekommt. In den Berggasthäusern sind zudem Älplermagronen Pflicht (#25) und im Raum Zug natürlich die traditionelle Zuger Kirschtorte (#28).

GUT ZU WISSEN …

Ohne Auto

Alle Eskapaden sind mit Bus, Tram oder Zug bequem erreichbar. Fahrpläne und zusätzliche Infos dazu gibt es auf www.sbb.ch oder www.vbz.ch

Sicherheit & Notfälle

Auch mit großer Umsicht lassen sich Gefahren manchmal nicht vermeiden. Die Polizei ist in der Schweiz unter 117, der Rettungsdienst unter 144 und bei Unfällen in den Bergen die REGA unter 1414 erreichbar.

Vor Ort im Netz

Jede Menge weitere Ausflugstipps für den Raum Zürich findet man unter www.zuerich.ch und www.littlecity.ch. Auf www.harrysding.ch gibt's tolle kulinarische Tipps.

ESKAPADEN-REGISTER ...

Alle Orte mit Seitenverweisen

Affoltern a. A. 144
Albiskette 100
Altstetten 191
Atzmännig 214

Baden 194
Bäretswil 168
Bauma 108
Bellevueplatz 191
Botanischer Garten 71
Bremgarten 176
Bruno Weber Park 117
Buch 183
Buchenegg 103
Bürkliplatz 106, 191

Christkindlimarkt 92

Dietikon 54, 117

Erlenbach 132
Eselhof Säge 183

Felsenegg 103
Flussbad Unterer Letten 43
Fraumünster 24, 52
Fronalpstock 202

Greifensee 141, 174, 187
Grossmünster 23, 52

Halbinsel Au 157, 162
Hallwilersee 207
Hedinger Weiher 144
Herz-Jesu-Kirche 16
Hönggerberg 32
Horgen 156, 162
Hörnli 108

Idaplatz 15
Industrielehrpfad 168
Insel Lützelau 199
Insel Ufenau 105
Irchel 164
Irchelpark 46

Jucker Farm 78

Käferberg 30
Kanton Zug 120
Klingenstock 203
Klösterli 221
Kloten 62
Kollbrunn 113
Küsnacht 132
Kyburg 113

Lägern 194
Langnau a. A. 103, 126
Limmat 12, 23, 37, 44, 54, 118
Lorzentobel 128

Meilen 140, 156, 162
Mellingen 176
MFO-Park 59

Patumbah-Park 27
Pfäffikersee 78, 137, 170
Pfäffikon ZH 137
Pfannenstiel 140

Quinten 152

Rapperswil 96, 162
Regensberg 194
Reuss 176
Riesbach 27
Rieterpark 75
Rifferswil 18
Rigi 219
Rigi Kaltbad 220
Rigi Kulm 220
Rigi Scheidegg 221

Säuliamt 144, 149
Schaffhausen 210
Schloss Hallwyl 207
Schloss Rapperswil 97, 162
Seegräben 78
Seilpark Zürich 62
Seleger Moor 18
Steg 108
Steinkreis 144
Stöckentobel 39
Stoos 202
Sukkulentensammlung 84

Tiefenbrunnen 191
Tössegg 164
Tösstal 108, 113
Türlersee 149

Uetliberg 100
Universität Irchel 47

Vita Parcours 67

Wädenswil 156
Waidberg 32
Walensee 152
Weesen 152
Wehrenbachtobel 39
Weihnachtsmarkt Dörfli 92
Werdinsel 11
Wetzikon 168
Wienachtsdorf 93
Wildnispark Zürich 125
Winterthur 113
Witikon 40

Zugerberg 128
Zürcher Kreis 1 23
Zürcher Weinland 210
Zürich Fluntern 67
Zürichhorn 51
Zürich Langenberg 125
Zürich Niederdorf 92
Zürich Oerlikon 59
Zürichsee 52, 76, 83, 96, 105, 140, 157, 161, 199
Zürich West 34
Zürich Wipkingen 43, 54

VALERIA MELLA

… über die Autorin

Zürich ist zwar klein, aber trotzdem sehr vielfältig. Und das Beste: Man ist sehr schnell in der Natur. Genau das mag Valeria an ihrer Heimat. Schon seit Kindertagen ist ein jährlicher Ausflug auf den Uetliberg Pflicht. Im Sommer liebt sie es, im Schlauchboot von Zürich nach Dietikon zu fahren. Als Reisebloggerin ihres 2012 gegründeten Blogs LittleCITY und Fotografin ist Valeria mit ihrem Mann Adi in der ganzen Welt unterwegs. Doch dabei zieht es sie immer wieder in die Heimat. Denn zu Hause ist es halt doch am schönsten! Auf www.littlecity.ch oder auf Instagram bei @valeriaslittlecity gibt's mehr von Valeria und ihren Erlebnissen.

Die Limmat runter

Eskapade #12: Die gemütlichste Art, in Zürich zu reisen? Mit dem Schlauchboot! Von Zürich geht es an lauen Sommerabenden die Limmat hinunter bis nach Dietikon. Entspannender als jeder Spa-Besuch.

Elefantenüberraschung

Eskapade #8: Diese wunderbare Wanderung durch eines der lauschigen Zürcher Tobel birgt eine unerwartete Überraschung. Denn plötzlich steht ein Wasser speiender Elefant in der Mitte des Bachs! Und das mitten im Wald.

5 BESONDERE EMPFEHLUNGEN ...

Ab auf die Insel

Eskapade #24: Inselleben in Zürich? Auch das ist möglich! Mit dem Schiff geht es auf die gemütliche Insel Ufenau im Kanton Schwyz. Zurück mit der Abendfahrt, wo man den Sonnenuntergang über dem Zürichsee bewundern kann.

Abtauchen in alte Zeiten

Eskapade #40: Wandern auf dem Industrielehrpfad. Klingt langweilig? Nicht doch! Denn im Zürcher Oberland lernt man während des Wanderns nicht nur vieles aus den Zeiten der Industrialisierung, nein, auch die Wege sind herrlich.

Rigi-Winterzauber

Eskapade #52: Die Königin der Berge ist nicht nur im Sommer schön, auch im Winter begeistert die Region in der Zentralschweiz. Ein Wochenende mit einer bezaubernden Winterwanderung, Fondue und viel Schlittelspaß!